Neues Palais in Potsdam

Land und Leute

Die politische Entwicklung der Jahre 1989 und 1990 in der Deutschen Demokratischen Republik (DDR) hat in der Wirtschafts-, Währungs- und Sozialunion mit der Bundesrepublik Deutschland, die am 1. Juli 1990 in Kraft trat, ihren vorläufigen Höhepunkt gefunden. (Ein Überblick über den chronologischen Ablauf der wichtigsten Ereignisse folgt auf S. 4.) Eine der zahlreichen Folgen ist eine breite Entdeckung des Reiselandes DDR, das dem Erholungsuchenden oder Touristen viel zu bieten hat.

Im Norden erstrecken sich kilometerweit feine Sandstrände an den Ufern der *Ostsee*, die – im Gegensatz zur Nordsee – Ebbe und Flut nicht kennt; das Baden ist hier tagsüber stets möglich. Von den Inseln vor der Küste ist *Rügen* am bekanntesten. Wassersportler und Campingfreunde suchen auch gerne die *Mecklenburgische* und *Brandenburgische Seenplatte* auf.

Wer das Mittelgebirge liebt, wird das *Lausitzer Bergland*, den *Harz*, das *Elbsandstein-*, das *Erzgebirge* oder *Vogtland* als Reiseziel wählen. Abwechslungsreich ist *Thüringen*. Im Thüringer Wald werden Ferienorte und hübsche Dörfer gern besucht. Fast senkrecht aufsteigende Felsen

findet man in der „Sächsischen Schweiz", die von der Elbe durchflossen wird.

Neben den Landschaften sind es vor allem die *Kunststädte*, die in steigendem Maß Touristen anziehen. Weltbekannt sind *Dresden* mit dem Barockbau des Zwingers und der berühmten Gemäldegalerie, die Messestadt *Leipzig*, *Weimar* mit den Gedenkstätten der deutschen Klassik, *Meißen* mit seiner Porzellanmanufaktur, das malerische *Erfurt*, *Arnstadt* oder *Eisenach*, aber auch die alten Hansestädte im Norden: *Rostock*, *Stralsund*, *Greifswald* und *Wismar*.

Schließlich ist auch *Berlin*, die Hauptstadt der DDR, als Museums-, Kunst- und Theaterstadt besuchenswert.

Lage und Größe

Die DDR grenzt im Osten an Polen, im Südosten an die Tschechoslowakei, im Südwesten und Westen liegt – mittlerweile nicht mehr durch eine Grenze getrennt – die Bundesrepublik Deutschland. Im Norden bildet die Ostsee die natürliche Grenze. Die DDR hat eine Fläche von 108 333 km²; die Nord-Süd-Ausdehnung beträgt etwa 500 km, die Ost-West-Ausdehnung etwa 350 km.

Landesnatur

Von der Ostseeküste im Norden bis zu den Mittelgebirgen im Süden erstreckt sich ein Tiefland, das von wenigen 100 bis 200 m hohen Hügelketten unterbrochen wird. Charakteristisch sind die zahlreichen in die Moränenlandschaft eingebetteten Seen in den Bezirken Schwerin (Schweriner See, Krakower See, Plauer See) und Neubrandenburg (Müritz, Kummerower See, Malchiner See, Unter- und Oberückersee u. a.). Den Süden des Landes nehmen Mittelgebirge ein: Thüringer Wald, Thüringer Schiefergebirge, Elstergebirge, Erzgebirge, Elbsandsteingebirge, Lausitzer Bergland, Zittauer Gebirge. Im Westen, etwa zwischen den Flüssen Saale und Leine, erstreckt sich der Harz, über den die Grenze verläuft. Der Brocken (1143 m), seine höchste Erhebung, ist oft in Wolken gehüllt.

Die DDR wird in Südost-Nordwest-Richtung von der Elbe durchflossen. Im Osten bilden Oder und Neiße die Grenze zu Polen.

Klima

Die DDR gehört zur gemäßigten Klimazone, und zwar zum Übergangsbereich zwischen dem Seeklima Westeuropas und dem kontinentalen Klima Osteuropas. Das Jahresmittel beträgt in Potsdam 8,5 °C (im Januar -0,7 °C; im Juli 18,1 °C) und 585 mm Niederschlag.

Bevölkerung

Die DDR hat 16 Millionen Einwohner; die durchschnittliche Bevölkerungsdichte beträgt 155 Einwohner pro km².

Rund 8 Millionen Einwohner sind berufstätig. Über die Hälfte der Bevölkerung wohnt in Städten mit 10 000 und mehr Einwohnern. Am dichtesten besiedelt sind die Bezirke Berlin, Chemnitz, Leipzig, Dresden und Halle.

In der DDR werden die Mundarten Thüringisch-Obersächsisch, Lausitzisch, Mecklenburgisch und Brandenburgisch gesprochen. In den Bezirken Dresden und Cottbus gibt es eine sorbische Minderheit (ca. 100 000 Einwohner). In großen Teilen dieser Bezirke sind die Ortsschilder und die amtlichen Veröffentlichungen zweisprachig.

Industrie und Bergbau

Obwohl die DDR an hochwertigen Bodenschätzen relativ arm ist (lediglich Braunkohle, Kali- und Steinsalze werden in größeren Mengen abgebaut), zählt sie zu den bedeutendsten Industriestaaten Europas. Die wichtigsten Industriezweige sind die Elektronik, der Maschinen- und Anlagebau sowie die Chemie.

Der Maschinenbau bestreitet mehr als die Hälfte des Gesamtexports der DDR, die an achter Stelle im Maschinenexport der Welt steht.

Überblick über die jüngsten politischen Ereignisse

August 1989 Die wachsende Unzufriedenheit der DDR-Bürger mit den Zuständen im Land äußert sich in steigenden Zahlen von Ausreisewilligen und Flüchtlingen. Die Missionen der Bundesrepublik in Ost-Berlin, Budapest und Prag werden wegen Überfüllung geschlossen.

September 1989 Nach der Grenzöffnung in Ungarn für DDR-Bürger und Lockerungen der Ausreisegesetze in weiteren Ostblockländern kommen etwa 30 000 DDR-Bürger in die Bundesrepublik. Eine Demonstration in Leipzig gegen das Verbot der neugegründeten Bewegung „Neues Forum" bildet den Auftakt der Leipziger Montags-Demonstrationen.

18. 10. 1989 Erich Honecker tritt nach 18 Jahren als Staats- und Parteichef zurück; sein Nachfolger Egon Krenz bleibt nur sechs Wochen im Amt.

4. 11. 1989 Eine Million Menschen demonstrieren in Ost-Berlin für eine umfassende politische Erneuerung.

7. 11. 1989 Die DDR-Regierung tritt zurück.

9. 11. 1989 Die Grenze der DDR zur Bundesrepublik wird geöffnet.

1. 12. 1989 Auf Beschluß der Volkskammer wird der Primat der SED aus der Verfassung eliminiert.

7. 12. 1989 Erstmals treffen sich Vertreter der bisherigen Blockparteien und der Oppositionsgruppen am „Runden Tisch".

22. 12. 1989 Das Brandenburger Tor wird wieder in beide Richtungen geöffnet.

1. 1. 1990 Zwangsumtausch und Visumpflicht für Bundesbürger, die in die DDR reisen, werden offiziell abgeschafft.

18. 3. 1990 Erste demokratische Volkskammerwahlen in der DDR.

1. 7. 1990 Die Wirtschafts-, Währungs- und Sozialunion zwischen der DDR und der Bundesrepublik Deutschland tritt in Kraft.

POLYGLOTT-REISEFÜHRER

Deutsche Demokratische Republik

*Mit 14 Illustrationen
sowie 17 Karten und Plänen*

POLYGLOTT-VERLAG

MÜNCHEN

Herausgegeben von der Polyglott-Redaktion
Verfasser: Dr. Hans Lajta
Illustrationen: Vera Solymosi-Thurzó
Karten und Pläne: Ferdinand Helm
Umschlag: Toni Blank

*

Wir danken dem Reisebüro der DDR, dem VEB Tourist Verlag Berlin und dem Gesamtdeutschen Institut in Bonn für die bereitwillig gewährte Unterstützung.

Ergänzende Anregungen, für die wir jederzeit dankbar sind, bitten wir zu richten an: Polyglott-Verlag, Redaktion, D-8000 München 40, Postfach 40 11 20.

Alle Angaben (ohne Gewähr) nach dem Stand Juli 1990.

*

Zeichenerklärung:

❶ Informationen   🚂 Eisenbahnverbindungen   🚌 Autobusverbindungen
✈ Flugverbindungen   🚢 Schiffsverbindungen
🏨 Erstklassige Hotels   🏨 Gute Hotels   🏠 Einfache Hotels

Die hinter Sehenswürdigkeiten in eckigen Klammern stehenden Ziffern decken sich mit den auf den Plänen eingezeichneten.

Kilometerangaben hinter Ortsnamen zeigen die Entfernung vom Beginn der jeweiligen Route aus an.

Farbige Ziffern am Seitenrand weisen auf die Routennummern hin.

*

Wertung der Sehenswürdigkeiten:

*** kennzeichnen Sehenswürdigkeiten ersten Ranges. Sie aufzusuchen, ist eine eigene Reise wert.

** kennzeichnen bedeutende Landschaften, Orte, Gebäude oder Kunstwerke. Um sie zu sehen, lohnt sich ein Umweg.

* kennzeichnet sehenswerte Objekte, die man in einem Land, in einem Ort oder an einem Gebäude beachten soll.

*

13. Auflage · 1990/91
© 1976 by Polyglott-Verlag Dr. Bolte KG, München
Printed in Germany / Druckhaus Langenscheidt, Berlin / Un. VIII. En.
ISBN 3-493-60843-8

Bekannt sind Kinderspielzeug aus Sonneberg, Porzellan aus Meißen, optische Geräte aus Jena und Musikinstrumente aus dem Vogtland. Ein Schwerpunkt der Braunkohlen- und Braunkohlenveredelungsindustrie ist die Niederlausitz.

Landwirtschaft

Die landwirtschaftliche Nutzfläche der DDR beträgt 58 % (Wald 27,2 %, Gewässer 1,9 %, bebautes Land 9,3 %, ungenutzt 2,8 %). Etwa 95 % der landwirtschaftlichen Nutzfläche werden derzeit bewirtschaftet.

Politische Gliederung

In der 40 Jahre lang sozialistisch regierten DDR fanden als Folge der politischen Wende vom Herbst 1989 am 18. März 1990 die ersten demokratischen Wahlen für die Volkskammer statt. Diese ist derzeit – in Anbetracht der zu erwartenden Wiedervereinigung vermutlich nur noch für kurze Zeit – nach der Verfassung die höchste Volksvertretung und das oberste staatliche Organ der DDR. Die Volkskammer wählte bislang den Ministerrat, der die Regierungstätigkeit leitet. Die stärkste Fraktion der Volkskammer

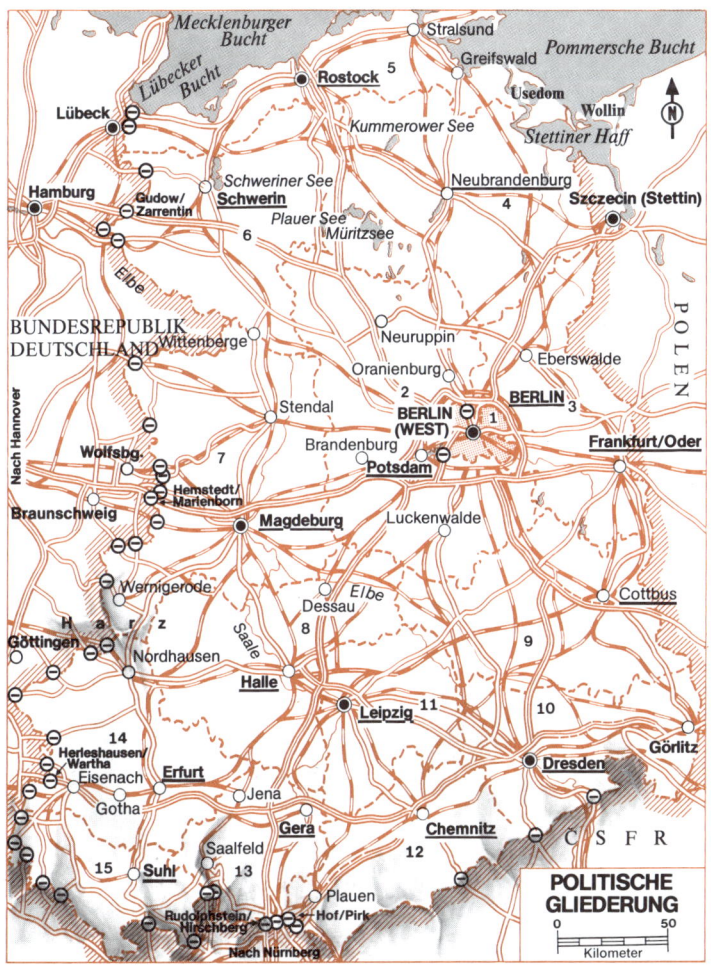

stellt den Vorsitzenden des Ministerrates.

Bei den jüngsten Volkskammerwahlen traten erstmals neben der PDS (bisher SED) und ihren bisherigen Blockparteien frei gegründete, selbständige Parteien und Gruppierungen an. Als Ergebnis dieser Wahlen regiert in der DDR nun eine Koalition aus CDU, SPD, DSU und DA unter Ministerpräsident de Maizière (CDU); der Bund Freier Demokraten verließ im Juli 1990 die Koalition.

Verwaltungsgliederung

Die DDR gliederte sich bislang in Berlin [1] und die Bezirke Potsdam [2], Frankfurt/Oder [3], Neubrandenburg [4], Rostock [5], Schwerin [6], Magdeburg [7], Halle [8], Cottbus [9], Dresden [10], Leipzig [11], Chemnitz [12], Gera [13], Erfurt [14], Suhl [15], mit 219 Stadt- und Landkreisen und ca. 7600 Gemeinden. Die Länder Thüringen, Brandenburg, Mecklenburg-Vorpommern, Sachsen-Anhalt und Sachsen wurden wiedereingeführt.

Kunst und Kultur

Berlin, Dresden, Leipzig, Meißen, Halle, Weimar, Erfurt, Potsdam, Schwerin und viele andere Städte bieten mit ihren Museen und Kunstsammlungen, ihren barocken Schlössern und Palästen, ihren spätgotischen Kirchen und Kathedralen, ihren Fachwerkbauten und anderen Kulturstätten lohnende Reiseziele.

Die Schlösser und Gärten von Sanssouci und Schloß Cecilienhof in Potsdam, die Gemäldegalerie von Dresden mit der „Sixtinischen Madonna", die kunstvollen Arbeiten der Porzellan-Manufaktur von Meißen, das Pergamonmuseum in Berlin mit dem Pergamonaltar und dem

Ehem. Hofkirche in Dresden

Markttor von Milet, der Zwinger von Dresden, das Goethe- und das Schillerhaus in Weimar und viele andere Stätten der Kunst und Kultur sind weltberühmt.

Wichtige Kunst- und Kulturdenkmäler und Sehenswürdigkeiten der DDR sind:

Annaberg: St.-Annen-Kirche, Erzgebirgsmuseum, Frohnauer Hammer.

Arnstadt: Liebfrauenkirche, Oberkirche, Renaissance-Rathaus, neues Palais, Puppensammlung Mon Plaisir.

Bautzen: Ortenburg, Dom St. Peter, Sorbenhaus mit Museum des sorbischen Schrifttums, barocke Bürgerhäuser, „Alte Wasserkunst", Stadtbefestigung.

Berlin: Museumsinsel mit Pergamonmuseum, Bode-Museum, Nationalgalerie und Altem Museum, Theater (Deutsche Staatsoper, Komische Oper, Schauspielhaus, Deutsches Theater, Berliner Ensemble u. a.), Unter den Linden, Humboldt-Universität, Deutsche Staatsbibliothek, Platz der Akademie, Palast der Republik, Tierpark.

Brandenburg: Dom, Altes Rathaus, Tortürme der Altstadt, Roland.

Chemnitz: Schloßkirche und ehemalige Klostergebäude mit Schloßbergmuseum, Altes Rathaus, Stiftskirche Unser Lieben Frauen (Ebersdorf), Burg Rabenstein.

Cottbus: Schloß, alte Kirchen und Bürgerhäuser, Stadttheater (Jugendstil).

Dessau: Georgium, Bauhaus, Luisium, Schloß Mosigkau, Wörlitzer Park.

Dresden: Zwinger, Gemäldegalerie und andere Kunstsammlungen wie Grünes Gewölbe; Schloß, Brühlsche Terrasse, Altmarkt, Palais im Großen Garten, alte Kirchen und Bürgerhäuser, Semper-Oper, Kulturpalast, Technische Universität, Moritzburg und Pillnitz, Barockgarten Großsedlitz.

Eisenach: Wartburg, schönster Profanbau des frühen Mittelalters, Lutherstube; alte Kirchen und Bürgerhäuser, Thüringer Museum; Bach- und Lutherhaus.

Eisleben: „Lutherstadt"; Luthers Geburtshaus und Sterbehaus, historischer Stadtkern.

Erfurt: „Blumenstadt" (Internat. Gartenbauausstellung); Dom, Severikirche, Krämerbrücke, gotische u. Renaissancebauten.

Frankfurt/O.: Rathaus m. Kunstgalerie, Pfarrk. St. Marien, Kleist-Gedenkstätte.

Freiberg: Dom mit spätromanischer „Goldener Pforte", spätgotische „Thürmerei", Markt mit Rathaus und alten Bürgerhäusern, gotische Kirchen, Bergakademie, Schaubergwerk.

Gera: Renaissance-Rathaus, Orangerie.

Görlitz: Altstadt mit Rathaus, Renaissance- und Barock-Bürgerhäusern, Pfarrkirche St. Peter und Paul, Nikolaikirche.

Gotha: Schloß Friedenstein mit Kunstsammlungen, zahlreiche Renaissance- und Barockbauten.

Greifswald: gotische Backsteinkirchen, Rathaus; Ernst-Moritz-Arndt-Universität, histor. Stadtkern, Klosterruine Eldena.

Halberstadt: got. Dom mit Domschatz, Liebfrauenkirche, Fachwerkbauten.

Halle: Marktkirche, Roter Turm, Dom, Moritzburg, Händelhaus, zahlreiche alte Kirchen und Bürgerhäuser; Martin-Luther-Universität, Alte Saline.

Havelberg: Dom St. Marien, Stiftsgebäude, Prignitz-Museum.

Jena: Rathaus, Pfarrkirche St. Michaelis, Goethegedenkstätte, Friedrich-Schiller-Universität, Wehrtürme.

Leipzig: Messestadt. Altes Rathaus, Alte Waage, Gewandhaus, „Auerbachs Keller", alte Kirchen, Bürgerhäuser und Messehöfe; Gohliser Schlößchen, Völkerschlachtdenkmal, Dimitroff-Museum (ehem. Reichsgericht), Karl-Marx-Universität und Grassimuseum.

Magdeburg: Dom, Klosterkirche Unsere Lieben Frauen (jetzt Konzerthalle), histor. Bauten um Domplatz und Alten Markt; Techn. Hochschule.

Meißen: Albrechtsburg und Dom, Domherrenhöfe und alte Bürgerhäuser; Staatliche Porzellan-Manufaktur.

Merseburg: Dom und Schloß, alte Stadtbefestigung.

Mühlhausen: alte Stadtmauer und Bürgerhäuser, Marienkirche, alte Pfarrkirchen, Thomas-Müntzer-Gedenkstätte.

Naumburg: romanisch-gotischer Dom mit Stifterfiguren (13. Jh.), Marientor, Markt. Steinerne Galerie.

Neubrandenburg: Mauerring mit alten Stadttoren, Wiekhäuser.

Potsdam: Schlösser und Gärten von Sanssouci, Schloß Cecilienhof, Schloß Babelsberg, spätbarocke Bürgerhäuser, „Holländisches Viertel", Alexandrowka.

Quedlinburg: ummauerte Altstadt und Stadtbefestigung, Schloß mit Museum, Stiftskirche.

Rostock: alte Backsteinbauten, Bürgerhäuser, Marienkirche, Hafen, Schiffahrtsmuseum.

Schmalkalden: Stadtbefestigung, Schloß Wilhelmsburg, Fachwerk-Bürgerhäuser.

Schwerin: Dom, Schloß, Staatl. Museum im ehem. Palais, Bürgerhäuser.

Stendal: Uenglinger Tor (14. Jh.), Dom, Pfarrkirche, Winckelmanns Geburtshaus.

Stralsund: Rathaus, Nikolaikirche, Marienkirche, alte Bürgerhäuser, Meereskundliches Museum, Stadtbefestigung.

Suhl: Rathaus und andere Fachwerkbauten, Barockkirchen, Stadthalle, Waffenmuseum.

Torgau: Schloß Hartenfels, spätgotische und barocke Bürgerhäuser, Pfarrkirche St. Marien.

Weimar: Schloß mit Kunstsammlungen, Goethe-Nationalmuseum, Goethe-Haus, Schiller-Haus, Lucas-Cranach-Haus, Schloß Belvedere, Schloß Tiefurt.

Wernigerode: Rathaus und andere bedeutende Fachwerkbauten, Schloß.

Wismar: Fürstenhof, Nikolaikirche, Wassertor, Alter Schwede, Wasserkunst.

Wittenberg: „Lutherstadt"; Lutherhaus, Melanchthonhaus, Stadtkirche St. Marien, Schloß und Museum, Augusteum.

Zittau: frühgotische Kirche Petri und Pauli, altes Gymnasium, Marstall, Renaissance- und Barock-Häuser.

In der DDR gibt es 120 Theater- und Opernhäuser, 650 Museen, Hunderte von Galerien und Kunsthäusern, 54 Universitäten sowie ihnen gleichgestellte Hochschulen und Industrie.

Ärztliche Versorgung

Bei allen akuten Erkrankungen oder Unfällen ist die ärztliche Versorgung für Bürger der Bundesrepublik und Westberlins kostenlos. Weitere Auskünfte erteilen die Krankenkassen.

In Notfällen wendet man sich direkt an die Unfallbereitschaften in Polikliniken oder Krankenhäusern.

Auskünfte

In allen größeren Städten haben sich Informationsstellen etabliert, wie z. B. Leipzig-Information, Dresden-Information usw.

Reisebüro der DDR: Generaldirektion, Alexanderplatz 5, Postfach 77, DDR-1026 Berlin, Tel. 00 372/21 50. Bezirksdirektionen des Reisebüros der DDR bestehen derzeit in 15 Städten des Landes.

Autofahrer

Autofahrer aus der Bundesrepublik oder aus dem Ausland müssen sich in der DDR in vieler Hinsicht umstellen. Der Zustand der Straßen, insbesondere der nicht zum bisherigen Transitnetz gehörigen, läßt oft zu wünschen übrig; Markierungen sind häufig nur schlecht zu erkennen, und Autobahn-Parkplätze können extrem tiefe Schlaglöcher aufweisen.

Die zahlreichen Geschwindigkeitsbeschränkungen sollten stets eingehalten werden; dies nicht nur, weil häufig Kontrollen stattfinden, sondern auch, weil die Tempolimits oft durch die schlechten Verkehrsbedingungen tatsächlich notwendig sind und ihre Nichtbeachtung deshalb sehr leicht zu Unfällen führen kann.

Im *Schadensfall* ist eine Meldung an die nächste Kreisdirektion der Staatlichen Versicherung der DDR notwendig.

Zwischen der Staatlichen Versicherung der DDR und dem HUK-Verband in der Bundesrepublik Deutschland ist eine Vereinbarung über den Ausgleich von Schäden aus Kfz-Unfällen und zur Finanzierung von Leistungen der Ersten Hilfe bei Kfz-Unfällen geschlossen worden (HUK-Verband, Glockengießerwall 1, 2000 Hamburg 1, Telefon 0 40/32 10 71).

Treibstoffversorgung:

Die meisten Tankstellen öffnen bereits um 6 Uhr morgens; geschlossen wird im allgemeinen um 17 oder 19 Uhr. Das Tankstellennetz in der DDR ist verhältnismäßig dicht, doch war die Belieferung bislang noch nicht überall optimal.

Um sich – manchmal sogar vergebliche – Wartezeiten an den Tankstellen zu ersparen, sollte man möglichst vormittags tanken. Es steht jedoch zu erwarten, daß dies bald nirgendwo mehr nötig sein wird.

Treibstoffe. Benzin gibt es mit 98 Oktan, „Super"; 94 Oktan, „Spezial" oder „Extra"; 92 oder 88 Oktan. Außerdem ist derzeit an etwa 650 Tankstellen Dieselkraftstoff erhältlich.

Infolge der Wirtschafts-, Währungs- und Sozialunion zwischen der DDR und der Bundesrepublik Deutschland werden zusätzlich zu den bisherigen staatlichen Minol-Tankstellen auch zahlreiche Tankstellen westlicher Konzerne eröffnet werden.

Bleifreies Benzin: In einer Reihe von Städten sowie an einigen Autobahntankstellen wird bleifreies „Super" und teilweise auch bleifreies „Spezial" verkauft.

Das Netz ist bereits so dicht, daß man bei entsprechender Routenplanung fast alle Strecken fahren kann, ohne auf bleifreies Benzin verzichten zu müssen; für alle Fälle empfiehlt sich jedoch die Mitnahme eines Reservekanisters, da bleifreies Benzin derzeit eventuell noch schneller ausverkauft sein kann.

Detaillierte Auskünfte über die Standorte der einzelnen Tankstellen, bei denen bleifreies Benzin erhältlich ist, erteilt der ADAC.

Reparaturen:

Auskünfte über Reparaturhilfsdienste erteilen die Tankstellen und die über das Autobahntelefon zu erreichenden Autobahnmeistereien.

Oft sind bei den Autobahnen keine Pannenstreifen vorhanden, und man muß deshalb bei einem Schaden möglichst weit rechts an den Straßenrand fahren. Die Pannentelefone befinden sich häufig auf dem Mittelstreifen, was den Weg zu ihnen für einen Fußgänger gefährlich macht.

Hinweisschilder an den Ortseingängen größerer Städte informieren über die Rufnummern der nächstgelegenen Werkstätten.

Mietwagen:

Zweigstellen und Partnerbetriebe von internationalen Autovermietungen gibt es derzeit in Ostberlin, Dresden, Leipzig, Erfurt, Halle (Saale) und Rostock; eine Ausweitung des Netzes ist zu erwarten.

Zu den Bestimmungen der Straßenverkehrsordnung:

Fahrzeugführer dürfen bei Antritt und während der Fahrt niemals unter Einwirkung von Alkohol stehen. Es besteht absolutes Alkoholverbot (0 Promille)!

Die *Höchstgeschwindigkeiten* betragen: innerhalb von Ortschaften 50 km/h, außerhalb von Ortschaften 80 km/h, auf Autobahnen 100 km/h (mit Wohnanhänger 80 km/h). Kontrollen sind nach wie vor häufig!

An *Verkehrsampeln* darf man meist auch bei Rot rechts abbiegen, wenn die Straße frei ist. Kennzeichen hierfür ist ein grüner Pfeil.

Das Anlegen von *Sicherheitsgurten* ist Pflicht.

Auskunft über weitere Vorschriften, die sich derzeit noch von bundesdeutschen Regelungen unterscheiden, erteilen auch die Servicebüros des Reisebüros der DDR.

Camping

In der DDR gibt es über 500 Campingplätze, von denen die derzeit 31 „internationalen" einen weitaus höheren Ausstattungsstandard aufweisen als die übrigen (die sog. nationalen) Plätze. Eine Reservierung ist für einen Kurzaufenthalt von 1–3 Tagen nicht vorgeschrieben, wird aber dringend empfohlen, da für die nächsten Jahre ein großer Ansturm zu erwarten ist. Ein Merkblatt mit Campingplatz-Adressen und Reservierungsstellen ist beim ADAC erhältlich.

Die Plätze sind vom 1. Mai bis zum 30. September für Touristen geöffnet.

Diplomatische Vertretungen

Vertretungen der DDR:

In der Bundesrepublik Deutschland: Ständige Vertretung der DDR, D-5300 Bonn 2, Godesberger Allee 18.

in Österreich: Botschaft der DDR, A-1130 Wien, Frimbergergasse 6–8.

in der Schweiz: Botschaft der DDR, CH-3006 Bern, Brunnadernstr. 53.

Vertretungen in der DDR:

Ständige Vertretung der Bundesrepublik Deutschland, DDR-1040 Berlin, Hannoversche Str. 30;

Botschaft der Republik Österreich, DDR-1080 Berlin, Otto-Grotewohl-Str. 5;

Botschaft der Schweiz, DDR-1100 Berlin, Esplanade 21.

Es ist möglich, daß die beiderseitigen Ständigen Vertretungen von Bundesrepublik Deutschland und DDR in absehbarer Zeit geschlossen werden.

Einkäufe

Bevorzugte *Souvenirs* sind neben Schallplatten und Büchern regional typische Erzeugnisse wie z. B. Keramik, Holzschnitzereien, Artikel der Glasmacherkunst aus Thüringen u. a.

Einreisebestimmungen

Seit dem 1. Juli 1990 besteht zwischen der Bundesrepublik Deutschland und der DDR eine Wirtschafts-, Währungs- und Sozialunion. Für den Tourismus hat dies u. a. zur Folge, daß an den bisherigen Grenzübergangsstellen für Bürger der Bundesrepublik Deutschland und zahlreicher anderer Länder keinerlei Ausweis- oder Zollkontrollen mehr stattfinden; die Grenze zwischen den bisherigen beiden deutschen Staaten darf nun an jeder beliebigen Stelle in beiden Richtungen überschritten werden. Es gibt jedoch noch offizielle Übergänge für Angehörige bestimmter Staaten, die in die Bundesrepublik ohne Visum einreisen können, nicht jedoch in die DDR (zu diesen Staaten zählen u. a. die USA und Japan).

Diese Kontrollpunkte sind: Lübeck-Schlutup/Selmsdorf, Gudow/Zarrentin (Autobahn), Lauenburg/Horst, Bergen (Dumme)/Salzwedel, Helmstedt/Marienborn (Autobahn), Duderstadt/Worbis, Herleshausen/Wartha (Autobahn), Rudolphstein/Hirschberg (Autobahn), Eußenhausen/Meiningen, Rottenbach/Eisfeld.

Von Berlin (West) aus: Dreilinden/Drewitz (Autobahn), Heiligensee/Stolpe (Autobahn), Heerstr./Staaken, Waltersdorfer Chaussee/Rudower Chaussee, Glienicker Brücke, Bahnhof Friedrichstr.

Touristenreisen:

Bewohner der Bundesrepublik Deutschland und von Berlin (West) erhalten, wenn sie sich ihre Reise nicht selbst organisieren wollen, nähere Auskünfte bei den Reisebüros, die als Vertragspartner des Reisebüros der DDR tätig sind.

Einwohner von Berlin (West) können sich auch an das Informationsamt des Berliner Senats in der Hardenbergstr. 20 wenden.

Touristenreisen und Übernachtungen vermittelt auch der Travel Service Interhotel DDR in Berlin (Ost), Tel. 00 372/2 09 20.

Feiertage

1. Januar, Karfreitag, Ostern (Sonntag und Montag), 1. Mai, Christi Himmelfahrt, Pfingsten (Sonntag und Montag), Buß- und Bettag, 25./26. Dezember (Weihnachten).

(Der bisherige Nationalfeiertag 7. Oktober wurde gestrichen.)

Gastronomie

Für ein Mittag- oder Abendessen bezahlt man in einer guten Mittelklasse-Gaststätte derzeit etwa 20 DM.

Platzreservierungen sind bis auf weiteres meist noch notwendig.

Geld und Devisen

Seit dem 1. Juli 1990 ist die D-Mark das alleinige gesetzliche Zahlungsmittel der DDR. Lediglich einige Telefon- und sonstige Automaten, die nicht sofort umgestellt werden konnten, werden noch kurze Zeit die Münzen der alten DDR-Währung annehmen.

Statt Bargeld können auch Eurocheques, Reiseschecks und Kreditkarten zur Zahlung verwendet werden. Eurocheques und EC-Karten werden jetzt auch in der DDR ausgegeben; der garantierte Höchstbetrag liegt wie in der Bundesrepublik bei 400 DM je Scheck.

Notrufe

Polizei: 110;
Feuerwehr: 112;
Rettungsleitstelle: 115.

Öffnungszeiten

Ladengeschäfte sind in Berlin (Ost) montags bis freitags im allgemeinen von 10–19

Uhr geöffnet. Außerhalb von Berlin sind die Geschäfte meist von 9–18 Uhr geöffnet.

Am Samstagvormittag kann man derzeit meist nur in größeren Geschäften und Warenhäusern der Stadtzentren einkaufen.

Banken sind im allgemeinen montags bis freitags 8-12 und montags bis donnerstags 14.30-17.30 Uhr geöffnet; außerdem teilweise auch am Samstagvormittag.

Museen kann man täglich von 10–16 oder 10–18 Uhr besuchen. Die meisten sind über Mittag zwei Stunden, am Montag ganz geschlossen; in Dresden, Potsdam und Weimar gibt es unterschiedliche Ruhetage.

In *Gaststätten* wird man von 10–22 oder 10–24 Uhr bedient, Bars sind von 21–4 Uhr geöffnet (unterschiedliche Ruhetage).

Postgebühren

Die Postgebühren für in der DDR abgeschickte Sendungen sind noch nicht an jene der Bundesrepublik angeglichen.

Ein Brief aus der DDR kostet daher innerhalb des Gebietes der DDR und der Bundesrepublik Deutschland derzeit 50 Pfennig, eine Postkarte 30 Pfennig.

Rundreisen

Das Reisebüro der DDR führt alljährlich Garantiereisen durch. Die genauen Termine der einzelnen Fahrten und die Treffpunkte erfährt man in jedem Reisebüro, das als Vertragspartner der Reisebüros der DDR tätig ist.

Stadtrundfahrten

In Berlin:

Stadtrundfahrten nach verschiedenen Programmen, von eineinhalb bis dreieinhalb Stunden Dauer, finden täglich ab 9.30 Uhr in kurzen Abständen statt. Buchung und Beginn: Hauptbahnhof. Treffpunkt 30 Minuten vor Abfahrt in der Bahnhofshalle (Galerie). Telefon: 4 36 35 50.

Die Berliner Verkehrs-Gesellschaft veranstaltet von Berlin (West) aus Touren durch die ganze Stadt. Informationen und Buchungen bei der Bus-Verkehr Berlin KG, Kurfürstendamm 225, 1000 Berlin 15, Telefon: 8 82 20 63 oder 8 82 68 47.

In Leipzig:

Stadtzentrum und Umgebung; Dauer zwei Stunden. Information, Buchung und Abfahrt bei der Leipzig-Information, DDR-7010 Leipzig, Brühl/Sachsenplatz 1. Abfahrt: 10, 13.30 und 16 Uhr.

In Dresden:

Stadtzentrum (das alte und neue Dresden); Dauer eineinhalb bis zwei Stunden. Mit der Straßenbahn ab Postplatz dienstags bis sonntags: 9, 11, 13.30, samstags auch 15.15 Uhr.

Mit dem Autobus ab Dr.-Külz-Ring (Südseite Altmarkt) dienstags bis donnerstags 11 Uhr. Information und Buchung: Dresden-Information, DDR-8010 Dresden, Prager Straße 10.

Tarife

Die Tarife für Taxis und öffentliche Verkehrsmittel sind derzeit noch günstiger als in der Bundesrepublik; die weitere Preisentwicklung ist jedoch abzuwarten.

Telefongebühren

Eine Telefoneinheit kostet – ebenso wie in der Bundesrepublik – 23 Pfennige.

Innerhalb von ganz Berlin (West und Ost) kann man seit dem 1. Juli 1990 zum Ortstarif telefonieren.

Unterkunft und Verpflegung

Den Touristen, die die DDR besuchen, stehen neben Raststätten, Fremdenheimen, Pensionen, Gasthöfen, Motels und einfachen wie gehobeneren Hotels in vielen Orten die bekannten Interhotels (IH), zur Verfügung. Die rechtzeitige Buchung von Hotelzimmern wird in allen Fällen dringend empfohlen.

Der Preis für eine Übernachtung mit Frühstück im Interhotel beträgt derzeit bis zu ca. 200 DM. Buchung von Vollpension ist möglich. Für Kinder im Alter von 4-12 Jahren ist eine Preisermäßigung möglich, wenn nicht die vollen Leistungen in Anspruch genommen werden. Unterbringung von Kindern unter 4 Jahren ist frei, wenn für sie keine Leistungen in Anspruch genommen werden.

In jedem Interhotel gibt es Restaurants, Bier- oder Weinstuben, Bars oder Cafés und Geschäfte. Die Buchung der Übernachtungen erfolgt über die bereits erwähnten Reisebüros oder beim Hotel direkt.

Das Reisebüro der DDR vermittelt außerdem, zusätzlich zur Hotelreservierung, für Einzeltouristen folgende weitere Leistungen: Privatauto mit Chauffeur, Fremdenführer für mindestens 4 Stunden am Tag, Stadtrundfahrten mit Privatwagen und Stadtführungen, Transfers, Eintrittskarten für Theater, Konzerte usw., Fahrkarten und Flugscheine.

Die Zahl der privaten Unterkunftsmöglichkeiten ist in letzter Zeit ständig im Steigen begriffen; auch hier wird jedoch Quartierbestellung vor Reiseantritt dringend empfohlen, da die Nachfrage das Angebot derzeit bei weitem übersteigt.

Eine Unterkunft in einer bzw. einem der ca. 270 Jugendherbergen, Jugenderholungszentren oder Jugendhotels zu finden, ist für Einzelreisende ausgesprochen schwierig, da diese meist mehrere Monate im voraus für Gruppen ausgebucht sind. Die Übernachtungspreise haben sich seit der Währungsunion deutlich erhöht und betragen jetzt zwischen 3,50 und 14,50 DM pro Nacht. Für Reisende, die älter als 26 Jahre sind, liegen die Tarife noch höher. Ein Jugendherbergsausweis wird in jedem Fall verlangt.

Restaurants: Da es nicht sehr viele Restaurants gibt und die vorhandenen nicht selten geschlossen oder überbelegt sind, ist Selbstverpflegung oft ratsam. Die Küche in der DDR ist derzeit meist noch in die Kategorie „Hausmannskost" einzureihen, doch gab es auch bereits vor der „Wende" einige Spitzen- und Feinschmeckerrestaurants, teilweise auch mit ausländischer Küche. Erst recht breiten sich nun nach der Wende auch Schnellrestaurant- und Imbißketten sowie Pizzerien aus.

Immer beliebter wird es bei den Touristen, mit dem Wohnmobil in die DDR anzureisen, da sich auf diese Weise sowohl Unterkunfts- als auch Verpflegungsprobleme am einfachsten umgehen lassen.

Zeit

Seit 1980 gilt die Sommerzeit (MEZ + 1 Std.) im gleichen Zeitraum wie in der Bundesrepublik; auch sonst besteht Zeitgleichheit.

Zollbestimmungen

Seit dem 1. Juli 1990 sind die Grenz- und damit auch Zollkontrollen zwischen der Bundesrepublik und der DDR abgeschafft.

Reisewege und Fahrpreise

ANREISE IN DIE DDR

Mit dem Flugzeug

Von vielen europäischen Flughäfen gibt es tägliche Flugverbindungen nach *Berlin-Schönefeld (DDR)*, deren Zahl im Steigen begriffen ist. Die Austrian Airlines (AUA) und die Interflug (IF) veranstalten täglich Direktflüge von Wien nach Berlin-Schönefeld. Aus der Schweiz gibt es ebenfalls Flugverbindungen, nämlich von Zürich und Genf nach Berlin-Schönefeld.

Von folgenden Flughäfen gibt es jeden Tag zahlreiche Verbindungen nach *Berlin-Tegel* in Berlin/West:

Frankfurt/Main; Köln/Bonn; München; Bremen; Düsseldorf; Hamburg; Hannover; Kiel; Münster; Nürnberg; Stuttgart; Saarbrücken; von Zürich über Stuttgart oder München; von Wien über Frankfurt/Main oder München.

Weiterhin bestehen inzwischen folgende regelmäßigen Flugverbindungen mit Städten in der Bundesrepublik, der Schweiz und Österreich (Lufthansa, in einigen Fällen auch Interflug):

Dresden – Bremen, Düsseldorf, Frankfurt/Main, Genf, Graz, Hamburg, Hannover, Köln-Bonn, Linz, München, Münster-Osnabrück, Nürnberg, Saarbrücken, Stuttgart, Wien, Zürich.

Leipzig – Bremen, Düsseldorf, Frankfurt/Main, Friedrichshafen, Genf, Hamburg, Hannover, Köln-Bonn, Linz, München, Münster-Osnabrück, Nürnberg, Saarbrücken, Stuttgart, Wien, Zürich.

Flugkosten spart, wer über ein Reisebüro ein Touristen-Engagement mit Übernachtung und Frühstück bucht.

Flugpreise nach Westberlin (Richtpreise, Stand Juni 1990):

Von	E	HR
Frankfurt	218 DM	*292 DM
Hamburg	149 DM	*202 DM
Köln	234 DM	*314 DM
München	261 DM	*350 DM
Wien	4330 öS	8660 öS
Zürich	496 sfr	*539 sfr

E = Einfacher Flug (Touristen-Klasse)

HR = Hin- und Rückflug (Touristen-Klasse, *Sparpreis des Flieg-und-Spar-Tarifs)

Mit der Eisenbahn

Sowohl Bundesbahn als auch Reichsbahn haben damit begonnen, ihre Netze kräftig auszubauen. So bestehen derzeit die folgenden wichtigen Verbindungen (Erweiterungen sind auch künftig zu erwarten):

Von der Bundesrepublik Deutschland:

Stuttgart – Nürnberg bzw. München – Regensburg – Hof – Gutenfürst – Leipzig bzw. Dresden – Görlitz;

München – Regensburg – Hof – Gutenfürst – Berlin;

Stuttgart bzw. München – Nürnberg – Probstzella – Leipzig bzw. Berlin;

Köln – Kassel bzw. Frankfurt/Main –Gerstungen – Erfurt – Leipzig – Frankfurt/Oder – Stralsund bzw. Dresden – Görlitz;

Frankfurt/Main – Gerstungen – Berlin;

Köln – Hannover – Oebisfelde – Magdeburg – Leipzig – Dresden bzw. Chemnitz;

Köln – Hannover – Marienborn – Berlin; Hamburg bzw. Kiel – Schwanheide – Berlin bzw. Schwerin – Potsdam – Dresden;

Köln – Hamburg bzw. Kiel – Lübeck – Hernburg – Rostock – Stralsund.

Im Norden verbinden außerdem Regionalzüge über Hernburg/Lübeck jetzt auch die Städte Rostock, Schwerin, Wismar und Güstrow mit Hamburg, Lübeck und Kiel.

Weitere neue Verbindungen:

Düsseldorf – Chemnitz;
Kassel – Dresden;
Kassel – Leipzig;
Köln – Halle;
Köln – Magdeburg;
München – Dresden;
Worms – Erfurt.

Zwischen Frankfurt/Main und Leipzig verkehren derzeit zwei Intercity-Züge. Mit drei Interregio-Linien wird auch das Netz der Querverbindungen zwischen den Intercity-Linien auf DDR-Gebiet ausgedehnt.

Jugendliche aus der Bundesrepublik können derzeit mit Twen-Tickets zwölf Orte in der DDR erreichen: Berlin, Chemnitz, Erfurt, Gera, Görlitz, Jena, Leipzig, Magdeburg, Rostock, Stralsund, Wittenberg.

Von Österreich/
Von der Schweiz:

Wien – Prag – Bad Schandau – Dresden – Berlin;

Basel – Frankfurt/Main – Gerstungen – Berlin;

Zürich – München – Nürnberg – Probstzella – Leipzig – Berlin.

Bahnpreise (Richtpreise, Juni 1990):

1. nach Berlin (DDR)

Von	E	HR
Frankfurt/M.	113,– DM	226,– DM
Hamburg	64,– DM	128,– DM
Köln	132,– DM	264,– DM
München	144,– DM	288,– DM
Hannover	65,20 DM	130,40 DM

Erm. 10-Tage-Rückfahrkarten möglich.

2. Dresden/Leipzig

Von	HR
Frankfurt/M.	210,–/ 170,– DM
München	228,–/ 212,– DM
Hamburg	197,60/ 169,60 DM

E = einfache Fahrt (2. Kl.)

HR = Hin- und Rückfahrt (2. Kl.)

Mit dem Kraftfahrzeug

Seit dem 1. Juli 1990 besteht freier Durchgang zwischen der Bundesrepublik und der DDR. Derzeit gibt es allerdings noch einige Kontrollpunkte, an denen Ausländern, die visafrei in die Bundesrepublik, jedoch nicht in die DDR reisen können, ein Visum erteilt wird (siehe S. 9).

Mit dem Fahrrad

Zwischen Bayreuth und Chemnitz ist der erste innerdeutsche Radwanderweg entstanden, der vom ehemaligen Grenzübergang Posseck über das Elstergebirge, durch das Vogtland und das Erzgebirge führt.

Für Wanderer

Der früher längste Wanderpfad innerhalb Deutschlands, der Rennsteig zwischen dem Frankenwald und Thüringen, wurde im Zuge der Grenzöffnung den Wanderern aus Ost und West wieder in voller Länge erschlossen. Auskunft für alle Interessierten, die eine ein- oder mehrtägige Tour unternehmen wollen, erteilt die Tourist-Information Frankenwald, Amtsgerichtsstraße 21, 8640 Kronach.

VERKEHRSWEGE IN DER DDR

Flugverkehr

Mit dem Winterflugplan 1990 eröffnet die DDR-Fluggesellschaft Interflug ein regionales Flugnetz zwischen den Flughäfen Berlin-Schönefeld, Dresden, Leipzig, Erfurt und Rostock (bisher Militärflughafen).

Eisenbahnverkehr

Es bestehen Bahnverbindungen zwischen allen größeren Städten der DDR. Mehrmals täglich verkehren Expreß- oder Städte-Schnellzüge von *Berlin* nach Magdeburg, Halle, Leipzig, Erfurt, Dresden, Gera, Potsdam, Chemnitz und Rostock (Warnemünde) sowie Eil- und Schnellzüge nach Cottbus, Görlitz, Zittau, Frankfurt an der Oder, Schwerin, Stralsund.

Von *Leipzig* gehen Eil- und Schnellzüge nach Erfurt, Dresden, Halle, Chemnitz, Gera, Görlitz, Magdeburg, Cottbus, Zwickau, Nordhausen, Rostock und Berlin. Die Züge zwischen den genannten Städten führen meist Speise- oder Büfettwagen.

Eisenbahnfähren verkehren zwischen Warnemünde und Gedser (Dänemark) sowie zwischen Saßnitz und Trelleborg (Schweden).

Öffentliche Verkehrsmittel (innerstädtisch, in Berlin)

Seit dem 1. Juli 1990 sind alle bisher unterbrochenen U-Bahnverbindungen zwischen dem West- und dem Ostteil Berlins wieder eröffnet; alle Bahnhöfe werden wieder benutzt.

Schiffsverkehr

Die Seehäfen der DDR sind Rostock, Wismar und Stralsund.

Schiffbar sind die Flüsse Elbe, Oder, Havel, Spree, Peene und Saale (von Halle ab). Magdeburg hat den größten Binnenhafen der DDR.

Straßennetz

Autobahnen in der DDR: Dresden – Leipzig – Halle; Berlin – Cottbus – Forst; Berlin – Dresden; Dresden – Chemnitz – Hermsdorfer Kreuz – Eisenach – Wartha; Chemnitz – Plauen; Leipzig – Hirschberg/Wartha; Berlin – Marienborn; Berlin – Zarrentin; Dresden – Bautzen; Berlin – Pomellen; Berlin – Frankfurt/Oder; Berlin – Neuruppin – Rostock.

Berlin

Berlin (etwa 1,35 Mill. Einw.), derzeit noch Hauptstadt der DDR, bedeckt eine Fläche von 403 km². (Alle Angaben betreffen nicht Berlin/West.)

Berlin ist das wichtigste Fremdenverkehrszentrum der DDR. Die bedeutenden Museen, wie das Pergamonmuseum, das Bode-Museum, die Nationalgalerie, sowie die alljährlich stattfindenden „Berliner Festtage", die dem zeitgenössischen Musik- und Theaterschaffen gewidmet sind, locken jedes Jahr viele Besucher an. Daneben gilt die DDR-Hauptstadt auch als „Theaterstadt". Es gibt hier mehr als ein Dutzend Theater, deren bedeutendste die Deutsche Staatsoper, die Komische Oper, die Brecht-Bühne Berliner Ensemble und das Deutsche Theater sind.

Wegen der bemerkenswerten klassizistischen Bauten, die nach ihrer Zerstörung im Zweiten Weltkrieg zum Teil wieder aufgebaut wurden, trägt Berlin auch den Beinamen „Spree-Athen". Die Spree (ein Nebenfluß der Havel), die durch die Stadt fließt, die Parkanlagen und die bis an den Stadtrand reichenden ausgedehnten Kiefern- und Laubwälder machen Berlin schließlich auch zur „Stadt im Grünen". Auf den 32 Seen der Umgebung verkehren Ausflugsschiffe.

Als ein Industriezentrum der DDR besitzt Berlin v. a. bedeutende Betriebe der Elektrotechnik, der Elektronik, des Maschinenbaus, der Textilverarbeitung, der Chemie- und Nahrungsmittelindustrie.

SEHENSWÜRDIGKEITEN

Einen ersten großen Überblick bietet eine Stadtrundfahrt; Abfahrtsstelle ist am Alexanderplatz vor dem Haus des Reisens. Genaue Auskünfte geben die Reisebüros der DDR am Alexanderplatz, in der Charlottenstraße 45, die Zweigstellen der Reisebüros und Interhotel-Services.

Zu den Wahrzeichen Berlins zählt das

*Brandenburger Tor [1]. Es schließt im Westen die Straße *Unter den Linden* ab. Es wurde 1788 bis 1791 von Carl Gotthard Langhans nach dem antiken Vorbild der Propyläen auf der Akropolis von Athen erbaut und war eines der ersten Bauwerke Berlins im klassizistischen Stil. Das *Viergespann* auf dem Tor über der römischen Attika stammt von dem Bildhauer Johann Gottfried Schadow. Diese Quadriga wurde 1806 von napoleoni-

schen Truppen geraubt, nach Paris entführt, 1814 aber wieder zurückgeholt. Die schweren Kriegsschäden wurden 1956 bis 1958 behoben. Derzeit ist sie wegen Restaurationsarbeiten nicht an ihrem Platz. Zu Weihnachten 1989 wurde das bis dahin gesperrte Tor als Fußgängerübergang von und nach Ost-Berlin geöffnet; inzwischen ist auch hier wie bereits fast überall die „Mauer" abgerissen worden.

Das Tor selber ist 65 m lang und 26 m hoch. An den Wänden sieht man 20 Reliefdarstellungen aus der griechischen Mythologie. Ein großes Flachrelief mit dem „Zug der Friedensgöttin" ziert die Attika, 32 Metopenreliefs schmücken die Stirnseiten. In den Nischen des Tores stellt die Statue an der Nordseite Minerva (Göttin der Weisheit), die an der Südseite den Kriegsgott Mars dar.

Das Brandenburger Tor ist das einzige von ursprünglich 18 Toren der Berliner Stadt- und Zollmauer, das noch erhalten ist. Die weltbekannte Prachtstraße

*Unter den Linden war ursprünglich ein kurfürstlicher Jagdweg, der 1647 mit Linden bepflanzt wurde. Die „Linden" wurden bald die beliebteste „Promenadenstraße" der Berliner. Der Boulevard ist mit schönen Blumenbeeten geschmückt. Es gibt dort auch zahlreiche Ruhebänke. Die Straße ist zu beiden Seiten von historischen Gebäuden flankiert. Die Zerstörungen des Zweiten Weltkriegs waren 1955 behoben; 1961 waren alle Baulücken geschlossen.

An der „Linden"-Nordseite steht die

Humboldt-Universität [2], die 1810 in einem früheren Prinzenpalais eingerichtet wurde. Sie ist eine der bedeutendsten Hochschulen der DDR. Hier lehrten oder studierten u. a. die Philosophen Hegel, Fichte und Schleiermacher, die Brüder Grimm, der Historiker Mommsen, die Mediziner Ehrlich, Virchow, Robert Koch, Sauerbruch, Brugsch, die Entdecker der Atomspaltung Hahn und Straßmann, die Physiker Helmholtz, Planck, Born, Einstein, Lise Meitner, die Chemiker Mitscherlich, Runge u. a.; 1836 bis 1841 studierte hier auch Karl Marx.

Das Hauptgebäude der heutigen Universität wurde 1748 bis 1766 von J. Boumann d. Ä. errichtet. Davor stehen die *Denkmä-*

ler des Universitätsgründers, des Sprachgelehrten Wilhelm von Humboldt, und seines Bruders Alexander von Humboldt. Vor der Humboldt-Universität, auf dem Lindenforum, steht wieder an historischer Stelle das 1851 eingeweihte *Reiterstandbild Friedrichs II.* von Ch. D. Rauch.

Deutsche Staatsbibliothek [3] (aus den Jahren 1903–1914). Sie zählt mit über 5,5 Millionen Büchern, Handschriften usw. zu den größten Bibliotheken der Welt.

Rechts von der Universität die ehemalige

*Neue Wache [4], ein 1816 bis 1818 von Schinkel errichteter klassizistischer Bau, der nach seiner Zerstörung im Zweiten Weltkrieg originalgetreu wiederhergestellt wurde. Er ist heute Mahnmal für die Opfer des Faschismus und Militarismus.

Dahinter liegen das *Zentrale Haus der deutsch-sowjetischen Freundschaft* und das *Maxim-Gorki-Theater* [5], die ehemalige Singakademie und Wirkungsstätte von Mendelssohn-Bartholdy, Liszt, Zelter und anderen berühmten Komponisten.

*Museum für Deutsche Geschichte [6]. Der schöne Barockbau entstand in den Jahren 1695 bis 1706 als „Zeughaus" (Waffenarsenal und Schatzhaus von Kriegstrophäen). Im Innenhof beachte man die kunstvollen **Köpfe sterbender Krieger* und das *Medusenhaupt der Reue* von Andreas Schlüter. Hier finden im Sommer Konzerte im Freien statt. Das Gebäude wurde nach schweren Kriegsschäden originalgetreu wiederhergestellt. Das Museum wurde 1952 eröffnet.

Der Universität gegenüber liegt die

Deutsche Staatsoper [7]. Sie wurde 1741 bis 1743 von Knobelsdorff im Stil des höfischen Rokoko mit frühen klassizistischen Formen errichtet, 1843 nach einer Brandkatastrophe unter Langhans wiederaufgebaut und nach erneuter Zerstörung im 2. Weltkrieg nach Originalplänen stilgerecht neu gebaut (1985/86 umfangreiche Restaurierungsarbeiten).

Am Eingang der Oper sieht man die *Statuen* der vier griechischen Dichter Aristophanes, Euripides, Menander und Sophokles. Auf den Simsen sind Apollo und die neun Musen dargestellt. Der neugestaltete *Zuschauerraum* besitzt eine bemerkenswerte gewölbte Kassettendecke. Im „Apollosaal" sind die Marmorintarsien im Fußboden und die Rokoko-Dekorationen sehenswert. Neben dem Operngebäude erhebt sich das nach dem

Deutsche Staatsoper

Zweiten Weltkrieg wiederaufgebaute Barockbauwerk der *Alten Bibliothek* [8] mit schöner geschwungener Fassade. Dahinter steht die

St.-Hedwigs-Kathedrale [9], die 1747 bis 1773 nach dem Vorbild des Pantheons in Rom erbaut, 1943 durch Bomben zerstört und von 1952 bis 1963 mit originalgetreuer Fassade, aber modernem Innenraum wiederaufgebaut wurde. Der Staat stellte für diese Arbeiten erhebliche Mittel zur Verfügung.

Wenn man in südöstlicher Richtung weitergeht, gelangt man auf den

Platz der Akademie [10]. Hier stehen die im Zweiten Weltkrieg schwer beschädigten Bauten des *Französischen Doms* (1701–1705) und des *Deutschen Doms* (1701–1708). Der Deutsche Dom befindet sich im Wiederaufbau. Der bereits fertiggestellte Französische Dom beherbergt das *Hugenottenmuseum* (Geschichte der Hugenotten, Fontane-Dokumente; außerdem Weinrestaurant); im Turm Glockenspiel-Konzerte. Das ebenfalls zerstörte klassizistische *Schauspielhaus* (1818–1821) wurde 1984 als Konzerthaus wiedereröffnet.

Der Boulevard *Unter den Linden* führt zur *Spree,* die man auf der *Marx-Engels-Brücke* (früher Schloßbrücke; 1822 bis 1824 nach Entwürfen von Schinkel erbaut) überquert, und mündet auf den

Marx-Engels-Platz [11], den ehemaligen Schloßplatz. Hier wurde 1443 vom Kurfürsten Friedrich II. „Eisenzahn" eine Zwingburg errichtet, die 1535 in ein Residenzschloß umgebaut wurde. Um 1700 erhielt Andreas Schlüter von Fried-

BERLIN

0   1
Kilometer

N

OSLOER STR.

Grenzübergang
Bornholmer Str.

BORNHOLMER STR.

ALLEE

Dänenstraße   U S

REINICKENDORFER STRASSE

Pankstraße

BERLIN (WEST)

Humboldthain

BRUNNENSTR.

MÜLLERSTR.

Gaudystraße
Friedrich-Ludwig-
Jahn-Sportpark

SCHÖNHAUSER

Pan

Grenzübergang
Eberswalder Str.   Eberswalder Str.   U Dimitr

Grenzübergang
Chausseestr.

Grenzübergang
Bernauer Str.

Bernauer

Straße

Kastanienallee

ALLEE

DIM

Wörther

PRENZLAUER

Anklamer

Brunnenstraße

Straße

Stadion der
Weltjugend

Chausseestraße

Senefelderplatz

Naturkunde-
museum

Invalidenstraße

Rosenthaler Pl.

Weinbergsweg

SCHÖNHAUSER   Saarbrücke

U

B

INVALIDENSTRASSE

MITTE
WILHELM-

Grenzübergang
Invalidenstr.

Auguststraße

Rosenthaler Str.

PIECK-
R. Luxemburg–Pl.

STRASSE

Hern-

36 †
37

Oranienburger
Tor

Friedrichstraße

Oranienburger

Str.

Weinm.-
Münzstr.

R. Luxemburg-

Volksbühne

Straße

Lehrter Bhf.
S

Matern-

38

Reinhardtstraße

34

Hackescher
Markt

Marx-Engels-Pl.

S

Spandauer Str.

Liebknecht-

Alexander
platz   U

Spree

Karlplatz

Brechtplatz

35

21

20

32

30 31

Spree
S U

Friedrichstr.
Grenzübergang für
S- und U-Bahn   Zetkin-

Str.

22

18

5

19

16

17

Karl-

Palast der
Republik

Rathaus
27

28

Rathausstr.

GRÜNER STR.

29

BERLIN (WEST)

3

2   4

6

Stralauer

Clara-
Otto-

UNTER DEN LINDEN

8

7

11

15

13

Rathausstr.

Grenzübergang
Brandenburger Tor

1

Bebelpl.

9

12

14

Grotewohl-

Französische Str.

23

Werderstr.

Hausvogteiplatz

U

Gertraudenstr.

Fischerinsel

26 25

Otto-Grotewohl-Str.   U

Stadtmitte

Friedrichstraße

Straße

Spittelmarkt

U

Märk. Mus.

Annen-

Grenzübergang
Potsdamer Pl.

Leipziger
Pl.

Leipziger

Straße

Str.

Heinr.-Hein

Grenzübergang
Friedrichstr.

BERLIN (WEST)

Grenzübergang
Heinr.-Heine-Str.

rich III. den Auftrag, das Schloß im italienischem Barockstil umzugestalten und zu erweitern. Im Zweiten Weltkrieg wurde die Anlage zerstört. An ihrer Stelle wurde 1976 der *Palast der Republik* eröffnet. Das Gebäude ist mit seinen Festsälen, Galerien und gastronomischen Einrichtungen Zentrum des Berliner Kulturlebens sowie Tagungsort der Volkskammer. Ein erhalten gebliebenes Barockportal des Schlosses (hier proklamierte am 9. November 1918 Karl Liebknecht die „Freie Sozialistische Republik Deutschland") wurde in die Fassade des 1962 bis 1964 erbauten ehemaligen

Gebäudes des Staatsrates der DDR [12] eingebaut. Im Bankettsaal ist ein Fries aus Meißner Porzellan mit Darstellungen aus der Geschichte der DDR.

Gegenüber stehen der *Neue Marstall,* der *Alte Marstall* [13], ein Frühbarockbau (1665–1670) und das

Ribbeckhaus [14], das Stadthaus einer märkischen Familie aus dem Jahre 1624. Es ist das einzige in Berlin erhaltene Renaissancehaus. Nebenan liegen die *Berliner Staatsbibliothek und Musikbibliothek* (Schallplattensammlung).

An der Westseite des Marx-Engels-Platzes erhebt sich das 1967 fertiggestellte *Ministerium für Auswärtige Angelegenheiten* [15], westlich davon die wiederhergestellte *Friedrichswerdersche Kirche* mit dem Schinkel-Museum; an der Nordseite des Platzes – hinter dem *Lustgarten* – liegt das

*Alte Museum [16]. Der klassizistische Bau von Schinkel (1824 bis 1830) wurde 1966 mit originalgetreuer Fassade, Kuppelsaal und Vorhalle wiederhergestellt. Man betritt das Museum über eine breite Freitreppe und durch eine aus ionischen Säulen gebildete Halle. Hier werden wechselnde Ausstellungen verschiedener Künstler gezeigt. Einen festen Sitz haben hier *Gemälde* deutscher Maler des 20. Jhs. und das *Kupferstichkabinett* mit Zeichnungen alter Meister aller europäischen Schulen bis zum 18. Jh. und mit europäischen Druckgrafiken (über 130 000 Blätter) vom 15. Jh. bis zur Gegenwart.

Die Wiederherstellung des im Zweiten Weltkrieg stark beschädigten *Doms* [17] ist im Äußeren abgeschlossen. In der *Domgruft* 90 Sarkophage der Hohenzollern.

Der wuchtige Gebäudekomplex zwischen den beiden schmalen Armen der Spree wird von den Berlinern „Museumsinsel" genannt. Hier liegen die staatlichen

Museen Berlins mit ihren weltberühmten Kunstschätzen. Man überquert die *Bodestraße* und kommt zu dem 1843 bis 1855 von Stüler (einem Schüler Schinkels) erbauten *Neuen Museum* [18], dessen Wiederaufbau noch nicht abgeschlossen ist. Nur wenige Schritte weiter liegt die

*Nationalgalerie [19]. Sie wurde 1876 in der Form eines korinthischen Tempels fertiggestellt. 1949 wurde das Museum als erstes nach dem Krieg wieder eröffnet. Es beherbergt Zeichnungen, Gemälde und Skulpturen des 18. bis 20. Jahrhunderts und Ausstellungen zeitgenössischer Künstler. Man sieht hier Gemälde der deutschen Maler Schadow, Menzel, Feuerbach, Böcklin, Liebermann u. a., der französischen Maler Courbet, Cézanne, Degas, Maillot, Meunier, Skulpturen von Rodin, eine Sammlung von mehr als 30 000 Zeichnungen deutscher Künstler, bemerkenswerte expressionistische Gemälde u. a.

Nur wenige Schritte entfernt steht das

***Pergamonmuseum [20]. Das Museum gliedert sich in die Antikensammlung, die Vorderasiatische Sammlung, die Islamische Sammlung, die Ostasiatische Sammlung, das Museum für Volkskunde und die Zentralbibliothek.

Besonders bemerkenswert in der *Antikensammlung* ist der *Pergamonsaal*. Er enthält eine Rekonstruktion der Westseite des ****Großen Altars von Pergamon* mit einem bedeutenden Fries, der Götter und Giganten beim Kampf zeigt. Die Schönheit hellenischer Baukunst offenbart sich

auch im prächtigen ***Markttor von Milet.*

Auch aus anderen griechischen Städten Kleinasiens sind Bauten und Baureste zu sehen, ferner archaisch-ionische Plastiken aus dem 6. Jahrhundert v. Chr. (u. a. ein Widderträger und ein liegender Löwe) aus Milet und Samos sowie griechische Plastiken aus dem 5. und 4. Jahrhundert v. Chr. (darunter **„Göttin mit dem Granatapfel"*, **„Betender Knabe"*, die **„Thronende Göttin aus Tarent"* und mehrere Grab- und Weihreliefs).

Schließlich verdienen hier auch die griechischen Keramiken von der archaischen Zeit bis zum Hellenismus und die etruskischen Keramiken Beachtung.

Die *Vorderasiatische Sammlung* beherbergt einzigartige Kunstschätze aus Ländern Vorderasiens, die zum Teil mehr als 3000 Jahre alt sind. Weltberühmt sind das ***Ischtar-Tor* und die 2500 Jahre alte ****Prozessionsstraße aus Babylon,* die mächtigen steinernen Bildwerke und andere Funde aus Sumer, Assur, Urartu und Mesopotamien sowie etwa 30 000 Keilschriften-Tafeln. Diese Sammlung alt-vorderasiatischer Kulturdenkmäler gilt (nach dem Britischen Museum in London und dem Louvre in Paris) als drittgrößte der Welt.

In der *Islamischen Sammlung* kann man anhand bemerkenswerter Beispiele die Kunst und Kultur der islamischen Völker vom 8. bis zum 19. Jahrhundert verfolgen. Man beachte hier vor allem die Teile der kunstvollen Prunk-Fassade des Wü-

Pergamonaltar

stenschlosses Mschatta aus der Frühzeit der islamischen Kunst.

Die *Ostasiatische Sammlung* beherbergt vor allem Gegenstände aus China und Japan, wie Holzschnitte, Lackarbeiten, Keramiken, Porzellanwaren u. a. aus verschiedenen Epochen.

Im angeschlossenen *Museum für Volkskunde* sieht man deutsche Trachten, Möbel und Schnitzarbeiten, Textilien, Keramiken und handwerkliche Gegenstände.

Die *Zentralbibliothek* mit mehr als 80 000 Bänden zählt zu den bedeutendsten wissenschaftlichen Bibliotheken im deutschsprachigen Raum.

Durch die S-Bahn-Unterführung geht man weiter zum

*Bode-Museum [21], einem 1897 bis 1904 errichteten Kuppelbau am nordwestlichen Zipfel der „Museumsinsel", das den Namen seines Begründers, des Kunsthistorikers Arnold Wilhelm von Bode, trägt.

Die **Ägyptische Sammlung* des Museums gehört zu den bedeutendsten ihrer Art. Zu den Kunstschätzen aus der Pharaonenzeit zählen mehrere Statuetten und Köpfe, u. a. der „Kopf des Echnaton", Bildnisse von Mitgliedern der Pharaonenfamilie, Stuckmasken aus der Amarna-Periode und andere Bildhauerarbeiten. Die *Papyrussammlung gehört mit 20 000 Stücken zu den größten Sammlungen antiker Handschriften in der Welt. Ausgestellt sind literarische Arbeiten, Briefe, farbig illustrierte Totenbücher sowie Wachs- und Holztafeln.

In der *Frühchristlich-byzantinischen Sammlung* sieht man u. a. Figuren und Denkmäler sowohl aus dem Gebiet des Weströmischen Reiches wie aus Byzanz. Ferner findet man dort frühmittelalterliche Kunstschätze aus Italien, unter denen vor allem die Steinfiguren und das aus dem 6. Jahrhundert stammende *Mosaik aus der Apsis der Kirche San Michele in Affricisco zu Ravenna sehenswert sind.

Die *Skulpturensammlung* beherbergt mittelalterliche Figuren aus dem deutschsprachigen Raum (u. a. die Propheten von der Fassade der Liebfrauenkirche von Trier, ein Kruzifix aus der Moritzkirche von Naumburg, Werke von Gerhaert van Leyden, Anton Pilgram u. a.). Daneben sieht man auch Werke von Künstlern der italienischen Frührenaissance, wie Donatello, Luca und Giovanni della Robbia und Rossellino.

Die *Gemäldegalerie* des Bode-Museums

wird unterteilt in eine *altdeutsche Abteilung* (Werke von Lukas Cranach, Elsheimer u. a.), eine *altniederländische Abteilung* (Werke von Jan Gossaert u. a.), eine *niederländische Abteilung* des 17. Jahrhunderts (Werke von Ruysdael, Ostade, Van Goyen, Terborch u. a.), eine *italienische Abteilung* (Werke von Canaletto, Guardi, Reni u. a.), eine *französische Abteilung* (Werke von Poussin, Rigaud u. a.), eine *englische Abteilung* (Gainsborough, Raeburn u. a.) und eine *Abteilung für Miniaturen* des 16. bis 18. Jahrhunderts.

Schließlich gibt es im Museum auch ein bemerkenswertes *Münzkabinett*, das etwa 100 000 altgriechische, 50 000 römische und über 150 000 (hauptsächlich deutsche) Münzen aus dem Mittelalter bis zur Neuzeit, über 20 000 Medaillen aus der Zeit der Renaissance bis zum 19. Jahrhundert (vorwiegend aus Deutschland und Italien) und eine Banknotensammlung besitzt.

Wenn man die Spree überquert, kommt man auf die Straße *Am Kupfergraben* mit dem

Max-Planck-Haus [22]. Das schöne Barockhaus aus der Zeit um 1750 (erweitert um 1830) besitzt bemerkenswerte korinthische Säulen, eine doppelarmige Freitreppe und einen Bibliotheksraum mit den Büchern des Physikers Max Planck. Das Haus wurde u. a. auch von dem Physiker Magnus bewohnt, der 1842 bis 1870 das erste physikalische Institut Deutschlands leitete. Später wohnte in dem Haus 20 Jahre lang der bekannte Theaterregisseur Max Reinhardt. Es ist jetzt Sitz der Physikalischen Gesellschaft.

*

Wenn man vom *Marx-Engels-Platz* in südlicher Richtung weitergeht, gelangt man in das ehemalige „Alt-Berlin". Leider sind die meisten Häuser im Krieg zerstört worden. Folgt man der *Friedrichsgracht,* einer Uferstraße aus dem 17. Jahrhundert, so kommt man zur

Jungfernbrücke [23], der ältesten und letzten Zugbrücke Berlins (1798), nach holländischem Vorbild erbaut.

Etwas weiter südlich liegt die *Gertraudenbrücke* [24] mit der 3 m hohen Bronzeplastik der Schutzpatronin der Spitäler und der fahrenden Schüler (1895, R. Siemering).

Von der *Jungfernbrücke* gelangt man in die *Sperlingsgasse*. Hier wohnte 1854 bis 1856 Wilhelm Raabe und schrieb seine „Chronik der Sperlingsgasse". In dem Lokal „Raabe-Diele" war Heinrich Zille gern „zu Hause" und zeichnete dabei die Gäste. (Erinnerungsstücke aus diesem Lokal sind in der neuen „Raabe-Diele" im Ermeler-Haus.) Im nahen „Nicolai-Haus" (Brüderstraße 13) befand sich früher das „Dichterzentrum" Berlins. – Weiter östlich liegt das

Märkische Museum [25]. Das Gebäude wurde 1901–1907 im märkischen Stil erbaut und beherbergt interessante *Sammlungen zur Geschichte* Berlins und der Mark Brandenburg, eine *Autographensammlung*, eine *Gemäldesammlung* mit Bildern Berliner Maler vom 18. Jahrhundert bis zur Gegenwart, einen „Theodor-Fontane-Gedenkraum" und ein „Heinrich-Zille-Kabinett". Das Museum liegt in der gepflegten Anlage des *Köllnischen Parkes*, in dem es auch einen „Bärenzwinger" mit *Nante und Jette* gibt (der Bär ist das traditionelle Berliner Wappentier).

Auf der anderen Seite erhebt sich das moderne *Gästehaus der Gewerkschaften*. Gegenüber der Fischerinsel mit den neuen Wohnhochhäusern wurden an den Ufern der Spree, am *Märkischen Ufer* [26] alte Berliner Häuser originalgetreu wiederaufgebaut, so das *Ermelerhaus* (1703) und das *Otto-Nagel-Haus*.

Wenn man vom *Marx-Engels-Platz* der *Rathausstraße* folgt, sieht man zuerst, rechter Hand, das

Rote Rathaus [27]. Der dreigeschossige Gebäudekomplex im Stil der Neurenaissance stammt aus den Jahren 1861 bis 1870. Nach seiner teilweisen Zerstörung im Zweiten Weltkrieg wurde es 1955 wieder aufgebaut. Schon im 13. Jahrhundert stand an dieser Stelle ein Rathaus. Mit der roten Ziegelfassade und dem 74 m hohen Turm ist es ein Wahrzeichen der Stadt. Auf einem umlaufenden Terrakottenfries ist die Geschichte Berlins dargestellt.

Man kann hier rechts abbiegen zur

Nikolaikirche [28], der ältesten Kirche Berlins (13.–15. Jh.), die im Krieg zerstört und von 1981–1987 wieder errichtet wurde (jetzt Museum; Glockenspiel). In der Umgebung der Kirche entstand das *Nikolai-Viertel*, ein Stück Alt-Berlin mit originalen und historisch nachempfundenen Bauten wie dem prachtvollen *Ephraim-*

schen Palais (1765), der *Gerichtslaube* (originalgetreue Nachbildung der Gerichtslaube des alten Rathauses) und dem *Knoblauchhaus* (1760) an der Poststraße. Historische und neue Gaststätten laden zum Besuch ein: „Historische Weinstuben", „Zum Nußbaum", „Zur Rippe", „Paddenwirt", „Schwalbennest" u. a. Im ehemaligen *Palais Schwerin* (1704) ist das *Ministerium für Kultur* untergebracht.

Nordwestlich des Nikolai-Viertels entstand das *Marx-Engels-Forum*, eine Parkanlage mit Denkmal.

Östlich vom Nikolai-Viertel, gegenüber dem alten Stadtgericht, kann man noch Reste der alten *Stadtmauer* und die 400 Jahre alte Gaststätte *Zur letzten Instanz* [29] (Waisenstraße 15) sehen.

Nur wenige Schritte vom Rathaus entfernt liegt der *Neptun-Brunnen*. Gleich dahinter erhebt sich die

Marienkirche [30]. Sie wurde bereits 1294 urkundlich erwähnt, brannte 1380

Rathaus und Fernsehturm

ab und wurde im 15. Jahrhundert in spätgotischem Stil neu erbaut. Die Beschädigungen im Zweiten Weltkrieg sind behoben worden. Der schlanke neugotische Turm (1790) stammt von Langhans d. Ä. Zu den Besonderheiten der Kirche zählen der spätgotische „Totentanz" in der Halle des quadratischen Westturms, ein Freskogemälde mit niederdeutschem Text aus der Zeit um 1480; die prächtige Barockkanzel von Andreas Schlüter (1703); ein bronzener, auf vier Drachen ruhender Taufkessel (1437); ein spätgotischer Flügelaltar aus dem 15. Jahrhundert in der Südkapelle; das marmorne Grabmal des Feldmarschalls Graf Sparr (1662) an der

Nordwand des Chors; der schöne Hoch-altar-Aufsatz mit Gemälden von B. Rode (1762).

Wahrzeichen des „modernen Berlins" ist der

Fernsehturm [31]. Der 365 m hohe Turm (Fundament 42 m Durchmesser) wurde 1965 bis 1969 erbaut. Von seiner *Aussichtsplattform in 207 m Höhe, über der ein rotierendes Café untergebracht ist, hat man einen umfassenden Rundblick.

Man gelangt nun zum

Alexanderplatz [32], einem modernen Geschäfts-, Einkaufs- und Verkehrszentrum der Stadt, mit einem mehrstöckigen unterirdischen Bahnhof der U-Bahn und mit zahlreichen repräsentativen Bauten. Hier stehen u. a. das 1970 eröffnete *Interhotel* „Stadt Berlin" mit 1000 Zimmern (2000 Betten), einen Komplex von Gaststätten verschiedener Art, u. a. dem Panorama-Restaurant im 37. Stockwerk und der Zille-Stube; das *Berolina-Haus* (Sitz des Rates des Stadtbezirks Mitte); das *Haus des Reisens* (Sitz des Reisebüros der DDR und der Interflug), das „Centrum"-Warenhaus, das *Alexanderhaus* mit dem Einrichtungshaus (Möbel-Kaufhaus), das *Haus des Lehrers* mit der modernen Kongreßhalle und der pädagogischen Bibliothek, ein moderner Brunnen und die „Urania-Weltzeituhr".

Der Alexanderplatz erhielt 1805 seinen Namen zu Ehren des russischen Zaren Alexander I. Im vorigen Jahrhundert lag der „Alex" genannte Platz noch vor den Toren der Stadt und diente als Ochsenmarkt. 1895 wurde die „Berolina" (E. Hundrieser) aufgestellt. Der Platz wurde bei Kampfhandlungen 1945 völlig zerstört. Seine Neugestaltung war 1972 vollendet.

Vom Alexanderplatz führt die Karl-Marx-Allee zum *Strausberger Platz*. An der 125 Meter breiten Allee stehen das Interhotel „Berolina" [33], das Restaurant „Moskau", das Kino „International" sowie 8- und 10geschossige Wohnbauten. Mittelpunkt des Platzes ist ein Springbrunnen.

Der Boulevard „Unter den Linden" wird beim Hotel „Unter den Linden" und dem „Lindencorso" von der *Friedrichstraße* gekreuzt. Diese erhält z. Z. ein neues Gepräge als Geschäfts- und Vergnügungsboulevard. Wenn man ihr nach Norden folgt, gelangt man zum neuerbauten *Friedrichstadt-Palast* [34], dem Varieté-

Theater der DDR. Nur wenige Schritte von hier entfernt liegt das Haus des

Berliner Ensembles [35], das „Theater am Schiffbauerdamm". Das Theater wurde 1892 als „Neues Theater" eröffnet und erlebte unter Max Reinhardt viele erfolgreiche Aufführungen. 1954 wurde es das Theater des Dichters und Schriftstellers Bertolt Brecht. Brecht hatte mit seinem „Berliner Ensemble" von 1949 bis 1954 im Deutschen Theater gespielt. Nach dem Tod des Dichters führte Helene Weigel bis 1971 das Ensemble weiter, jetzt steht es unter der Leitung von Manfred Wekwerth.

Einige hundert Meter weiter, in der Chaussee-Straße 125, steht

Brechts Wohnhaus [36]. Die Wohnung des Dichters blieb nach seinem Tode im Jahre 1956 unverändert. Hier wurden eine Brecht-Gedenkstätte und das *Bertolt-Brecht-Archiv* der Akademie der Künste eingerichtet. Restaurant „Brecht-Keller".

Nebenan liegt der

Dorotheenstädtische Friedhof [37] mit der letzten Ruhestätte Brechts. Auf diesem „Gelehrten- und Künstlerfriedhof" Berlins sind auch der Baumeister Schinkel, der Bildhauer Schadow, die Philosophen Fichte und Hegel, die Schriftsteller Heinrich Mann, Bodo Uhse, Arnold Zweig und Anna Seghers sowie der Komponist Hanns Eisler bestattet.

In der Nähe stehen die *Kammerspiele* und das *Deutsche Theater* [38].

*

Größte Grünanlage im Zentrum ist der

Friedrichshain [39]. In diesem Volkspark liegt der *Friedhof der Märzgefallenen* mit dem Standbild eines bewaffneten Matrosen. Hier wurden nach dem März 1848 die Opfer der Barrikadenkämpfe und nach dem November 1918 elf gefallene Matrosen beigesetzt. Sehenswert ist der an der Nordwestecke des Parks liegende *Märchenbrunnen* aus dem Jahre 1913. Die Parkanlage aus den Jahren 1846 bis 1848 wurde 1874 erweitert und 1945 von zwei „Bergen" aus Trümmerschutt (78 m und 48 m hoch) neu gestaltet.

Man erreicht den Friedrichshain am besten durch die *Karl-Marx-Allee*, biegt am *Großen Springbrunnen* links ab zum *Leninplatz* mit dem Lenindenkmal und betritt den Park an seiner Südwestseite. Im Osten des Parks liegen das *Städtische Krankenhaus Friedrichshain*, im Süden die *Friedhöfe* St. Georgen und St. Petri.

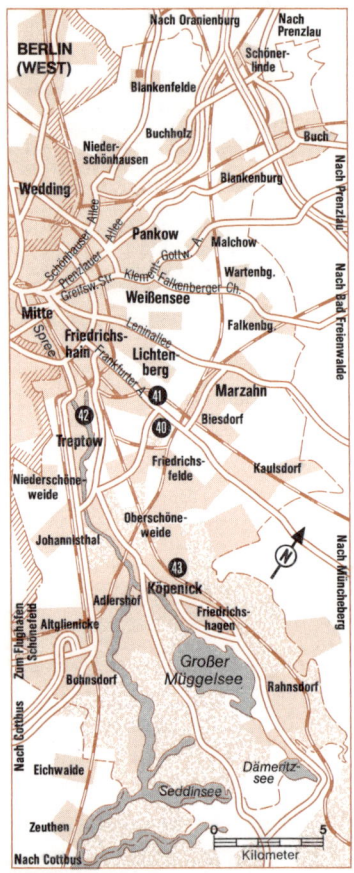

BERLIN
(WEST)

Nach Oranienburg
Nach Prenzlau
Schönerlinde
Blankenfelde
Buchholz
Buch
Niederschönhausen
Blankenburg
Nach Prenzlau
Wedding
Pankow
Malchow
Gott...
Wartbg.
Klein... Falkenberger Ch.
Weißensee
Falkenbg.
Mitte
Spree
Lemmallee
Friedrichshain
Lichtenberg
Marzahn
Nach Bad Freienwalde
42
41
40
Biesdorf
Treptow
Friedrichsfelde
Kaulsdorf
Niederschöneweide
Oberschöneweide
Johannisthal
43
Köpenick
Nach Müncheberg
Adlershof
Friedrichshagen
Altglienicke
Zum Flughafen Schönefeld
Großer
Müggelsee
Bohnsdorf
Rahnsdorf
Nach Cottbus
Eichwalde
Dämeritzsee
Seddinsee
Zeuthen
Nach Cottbus
0   5
Kilometer

Das neuerbaute *Sport- und Freizeitzentrum* an der Südostecke des Parks umfaßt Eissporthalle, Schwimmbecken und Wellenbad, Sauna und Solarium, Trainingsstätten und Fitneß-Zentrum.

Zwischen *Greifswalder Straße* und *Prenzlauer Allee* entstand auf dem Gelände des ehemaligen Berliner Gaswerks der *Thälmann-Park* mit Blumenanlagen, Denkmal, Wohnhäusern und dem Zeiss-Großplanetarium „Cosmorama" (tgl. außer montags Vorführungen). In den Außenbezirken gibt es zahlreiche beliebte Erholungsstätten. – Über die *Frankfurter Allee* gelangt man zum

*Tierpark Berlin [40]. Die moderne Anlage entstand 1954 unter Einbeziehung eines Schloßparks und Landschaftsgartens.

Der Haupteingang liegt an der Straße „Am Tierpark". Man geht an der ehemaligen „Alten Wache" und am barocken *Schloß Friedrichsfelde* (1694 nach Plänen von J. A. Nering als Lustschloß nach holländischem Vorbild errichtet; mit Barockgarten und Landschaftspark) vorbei, dann rechts durch eine schöne Allee über eine kleine Brücke (zahlreiche Wasservögel) zu den großen *Tiergehegen,* zum Terrassencafé, an den Bären-Freigehegen und der „Bärenschlucht" vorbei zum 120 m langen modernen *Alfred-Brehm-Haus* (1963), in dem die Raubtiere (Löwen, Tiger usw.) sowie tropische Pflanzen und Vögel zu sehen sind. Dahinter eine Pinguin-Anlage. Weiter geht es zu den Elefanten, zu einer Anlage für Raubvögel und zum „Kindertierpark". Im Tierpark gibt es auch Schlangen- und Krokodilhäuser, Gehege für Wüsten- und Steppentiere u. v. a. (geöffnet von 8 Uhr bis Einbruch der Dunkelheit).

*

Im nördlichen Teil des Stadtgebietes an der Vorderseite des Zentralfriedhofs Friedrichsfelde ist die

Gedenkstätte der Sozialisten [41]. Hier sind Karl Liebknecht, Rosa Luxemburg, Wilhelm Pieck, Ernst Thälmann, Otto Grotewohl und Walter Ulbricht bestattet.

An der nach Süden führenden *Köpenicker Straße* zieht sich an der Spree der

Treptower Park [42] entlang. Er wurde 1876 bis 1882 angelegt und gehört mit dem im Süden anschließenden *Plänterwald* zu den beliebtesten Ausflugs- und Erholungsstätten des Berliners.

Mit der S-Bahn fährt man bis zum Bahnhof „Treptower Park", wo sich auch die Anlege- und Abfahrtsstelle [A] der Ausflugsschiffe („Weiße Flotte") befindet.

Die *Puschkinallee* führt zum *Sowjetischen Ehrenmal* [B], das 1947 bis 1949 erbaut wurde. Die 500 m lange und 200 m breite Anlage ist die letzte Ruhestätte für 5000 im Kampf um das Zentrum Berlins 1945 gefallene sowjetische Soldaten. Das Mausoleum auf dem Hügel wird von einer 11,6 m hohen Statue eines Sowjetsoldaten überragt. Ein Mosaik im Innern stellt die um ihre Toten trauernden Völker der Sowjetunion dar.

Nicht weit vom Ehrenmal entfernt liegt die *Archenhold-Sternwarte* [C], die 1896 erbaut, 1909 erneuert und kürzlich modernisiert wurde. Das Riesenfernrohr ist 21 m lang und 130 Tonnen schwer.

Von der *Gaststätte Zenner* [D] aus hat man einen schönen Blick auf die Spree. Nördlich Grünanlagen [E].

Auf schattigen Wegen geht man weiter in den *Plänterwald.* Hier ist ein Kulturpark [F] mit Nationalitätengaststätten, Riesenrad, Kosmodrom, Achterbahn und Karussells. Auf einer *Freilichtbühne* [G] finden an Sommerabenden kulturelle Veranstaltungen statt. Einen Besuch lohnt auch das historische *Uferlokal* „Altes Eierhäuschen" [H].

Köpenick [43]. Der größte, wald- und seenreichste Stadtbezirk Berlins ist gleichzeitig ein wichtiges Industriezentrum (Transformatoren- und Kabelwerke, Elektroindustrie, Färbereien, Schiffswerften u. a.).

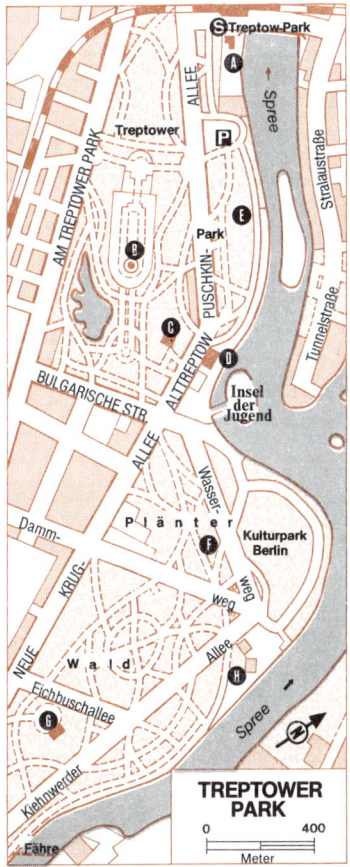

Sehenswert sind der alte Teil *Kietz* mit malerischen Winkeln und engen, zum Wasser hinunterführenden Gäßchen, zum Trocknen ausgespannten Fischernetzen und Fischerkähnen; der neugotische Backsteinbau des *Rathauses* (1905), das 1906 durch den Schuhmacher Wilhelm Voigt weltbekannt wurde, der hier als „Hauptmann von Köpenick" den Militarismus mit dessen Forderung nach blindem Gehorsam lächerlich machte; das frühbarocke *Schloß Köpenick* (1677 bis 1682), in dem jetzt das *Kunstgewerbemuseum (alte Stilmöbel, Meißner Porzellan, Silbergegenstände, Schmuck u. a.) untergebracht ist; die Schloßkapelle (Barockstil, 1685) und der schöne Schloßpark.

*

Am *Kienberg* zwischen Hellersdorf und Marzahn wurde 1987 die ständige *Berliner Gartenschau* eröffnet, mit Blumental, Historischem Garten, Musterkleingärten, Kräutergarten, Streichelzoo und Gastronomie (Mai bis Oktober).

PRAKTISCHE HINWEISE

❶ Reisebüro der DDR, Alexanderplatz 5, Auskunft über alle touristischen Fragen Tel. 2 15 44 10.

Berlin-Information: DDR-1080 Berlin, Neustädtische Kirchstraße 3, Tel. 2 20 24 51; 1020 Berlin, Am Fernsehturm, Tel. 2 12 46 75.

✈ Flughafen Berlin-Schönefeld; 25 km vom Stadtzentrum.

Interflug-Stadtbüro: Alexanderplatz 5, Tel. 2 10 91 81.

🚄 Rostock, Magdeburg, Leipzig, Halle, Dresden, Frankfurt/Oder, Cottbus, Hamburg, Nürnberg, Wien, Prag, Paris, Warschau u. a.

Zentrale Zugauskunft: Inlandsverkehr 4 95 31, Auslandsverkehr 4 95 41.

🚌 Nah- und Fernverkehr.

🚢 mit der „Weißen Flotte" auf der Spree und der märkischen Seenkette.

🏨 „Interhotel Berolina", Karl-Marx-Allee 31; „Grand Hotel", Friedrichstraße 158–164; „Interhotel Metropol", Friedrichstraße 150–53; „Palast-Hotel", Karl-Liebknecht-Straße; „Interhotel Stadt Berlin" (mit Spielcasino), Alexanderplatz; „Interhotel Unter den Linden", Unter den Linden 14; u. v. a.

Restaurants und Gaststätten:
In den obengenannten Hotels; außerdem „Haus Berlin", Strausberger Platz; „Ganymed", Schiffbauerdamm 5; „Operncafé", Unter den Linden 5; „Flughafen-Restaurant", Flughafen Berlin-Schönefeld; „Zenner", Alt Treptow 14/17; „Ermelerhaus" mit historischem Lokal „Raabediele", Am Märkischen Ufer; „Müggelsee" und „Rübezahl" am Müggelsee; „Restaurant Moskau", Karl-Marx-Allee 34; „Restaurant Budapest", Karl-Marx-Allee 80; „Restaurant Bukarest", Frankfurter Allee 13; „Sofia", Friedrichstraße 136; „Warschau", Karl-Marx-Allee 93; „Schwalbennest", „Zur Rippe"; „EphraimPalais", „Paddenwirt", „Gerichtslaube", „Zum Nußbaum", „Mutter Hoppe" u. a. im Nikolai-Viertel.

Nachtleben:
„Nachtbar Moskwa", Karl-Marx-Allee 34; „Lindencorso" und „Nachtbar Opern-Café", Unter den Linden; „Nachtclub Metropol-Hotel", Friedrichstraße; „Sinus-Bar", Palasthotel, Spandauer Straße.

AUSFLÜGE

Besonders zu empfehlen sind Seen-Rundfahrten mit der „Weißen Flotte" rund um die *Müggelberge* oder ganztägige Ausflugsfahrten zum *Scharmützelsee*. Es gibt auch Abendfahrten mit Bordfesten (Tanz); Abfahrten ab Anlegestelle „Weiße Flotte", Nähe S-Bahnhof Treptower Park.

Auch auf dem Landweg zu erreichen sind die *Müggelberge* (115 m) mit Müggelturm und Restaurant und der *Müggelsee* (größter aller Berliner Seen), außerdem *Grünau* mit der Regattastrecke der Olympischen Spiele 1936 sowie *Schmöckwitz* und der *Seddinsee*.

Weitere Ausflugsfahrten führen nach **Potsdam*, mit Besichtigung des berühmten *Parks und **Schlosses von *Sanssouci* und des Schlosses *Cecilienhof*.

In östlicher Richtung erreicht man *Buckow*, die „Perle der Märkischen Schweiz". Der Ort ist eingebettet in eine sehr reizvolle Umgebung mit Hügeln, Seen und Wäldern; Gedenkstätte *Brecht-Weigel-Haus*. Weiter südlich lädt *Bad Saarow* ein. Im Norden liegt *Schloß Rheinsberg*.

Nach etwa 100 km Fahrt auf der Autobahn gelangt man in das 20 000 Hektar umfassende Erholungsgebiet des *Spreewalds*. Hier gibt es Wiesen, Laubwälder, Äcker, schilfgedeckte Blockhäuser und 200 Fließe (Spreearme), die man mit Spreewaldkähnen befährt, die von Fährleuten mit langen Holzstangen vorwärts bewegt werden.

*Leipzig

Leipzig (etwa 560 000 Einw.) ist die zweitgrößte Stadt der DDR und seit dem Mittelalter als bedeutendes Handelszentrum, später als Messestadt bekannt. Im Frühjahr und im Herbst wird Leipzig zum internationalen Handelsplatz. Die „Leipziger Messe" umfaßt nahezu alle Bereiche der Investitions- und Konsumgüterindustrie und wird von Interessenten aus allen Erdteilen besucht.

Die Leipziger Universität, die bereits 1409 gegründet wurde, ist eine der ältesten Hochschulen auf deutschem Boden. Das Gewandhausorchester (im Neuen Gewandhaus), das Rundfunksymphonieorchester, der Thomanerchor sowie die Hochschule für Musik bestätigen Leipzigs Ruf als „Musikstadt". Als Sitz der Deutschen Hochschule für Körperkultur und Sport ist Leipzig schließlich auch „Stadt der Turn- und Sportfeste".

Einen Höhepunkt des geistigen und künstlerischen Schaffens erlebte Leipzig, als hier Martin Luther, später Johann Sebastian Bach und Johann Christoph Gottsched wirkten. Von 1765 bis 1768 studierte hier Johann Wolfgang von Goethe. Er sagte von der Stadt: „Mein Leipzig lob ich mir, es ist ein klein Paris und bildet seine Leute". In der Gaststätte „Auerbachs Keller" ließ sich Goethe zu seinem klassischen Werk „Faust" inspirieren. Der Komponist Richard Wagner wurde in Leipzig geboren.

In der Weltgeschichte ging Leipzig durch die „Völkerschlacht" im Jahre 1813 ein, als österreichische, preußische, russische und schwedische Armeen einen entscheidenden Sieg über Napoleon errangen.

SEHENSWÜRDIGKEITEN

Zentrum der „Altstadt" ist der Marktplatz, der durch Bombenangriffe im Zweiten Weltkrieg sehr gelitten hat. Seine historischen Bauten wurden zum Teil restauriert bzw. stilgerecht rekonstruiert, daneben entstanden moderne Wohn-

und Geschäftshäuser. Man beachte vor allem das

*Alte Rathaus [1]. Es wurde 1556 im Renaissancestil erbaut, später umgebaut und nach Kriegsschäden im Jahre 1950 wiederhergestellt. Über dem Hauptportal an der Marktseite erhebt sich ein asymmetrisch angeordneter Turm mit einem Barockhelm und -aufbau. Bemerkenswert sind auch die hohen Zwerchgiebel im Dachgeschoß. Im Alten Rathaus sind heute das *Museum für Geschichte der Stadt Leipzig* mit stadtgeschichtlichen Sammlungen, Gemälden, mehr als 24 000 Stadtansichten, Münzen und Medaillen, Sammlungen zur Musik- und Theatergeschichte sowie das Mendelssohnzimmer (mit Erinnerungen an den Komponisten) untergebracht.

Gegenüber dem Alten Rathaus liegt das moderne *Messeamt* [2].

Nur wenige Schritte davon entfernt ist die historische Gaststätte

Auerbachs Keller [3], unter der *Mädlerpassage*. Die Gaststätte wurde 1530 gegründet. Der junge Goethe kehrte gerne hier ein. Historischer Faßkeller.

An der Markt-Nordseite steht die

Alte Waage [4]. Der ursprüngliche Renaissancebau aus dem Jahre 1555 wurde durch Bombentreffer 1943 zerstört und 1963/64 stilgerecht wieder aufgebaut. In geringer Entfernung liegt

Barthels Hof [5], eines der wenigen noch

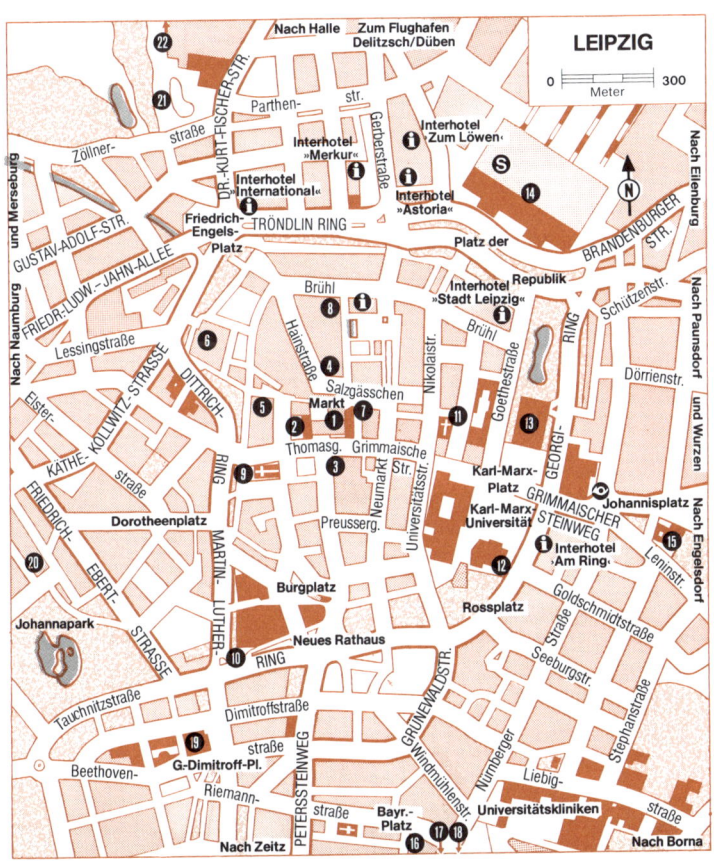

25

erhaltenen alten Leipziger Handelshäuser. Es wurde 1523 erbaut und um 1748 barock umgestaltet.

Wenn man nun durch die *Kleine Fleischergasse* geht, gelangt man zu dem alten Bürgerhaus *Zum Kaffeebaum* [6], 1725 gegründet, heute eine beliebte Gaststätte. Eine Plastik erinnert daran, daß hier eines der ältesten Kaffeehäuser Leipzigs war.

Hinter dem *Alten Rathaus* sieht man am *Naschmarkt* das *Goethedenkmal* und die

Alte Börse [7]. Sie stammt aus der zweiten Hälfte des 17. Jahrhunderts und ist im frühbarocken Stil erbaut. 1943 brannte sie aus, doch wurde ihre Fassade nach dem Krieg stilgerecht wiederhergestellt.

Am Sachsenplatz, nördlich des Marktes, liegt in der Katharinenstraße 23 das 1701 bis 1704 für den damaligen Bürgermeister Romanus erbaute *Romanushaus* [8].

*Thomaskirche [9]. Sie wurde Ende des 14. Jahrhunderts an der Stelle einer spätromanischen Kirche (1212–1222) erbaut, von der noch Teile zu sehen sind. 1496 war die spätgotische Halle (Langhaus) vollendet. Die Turmveränderung erfolgte zuvor; das achteckige Obergeschoß stammt von 1537.

Im Innern der dreischiffigen Hallenkirche beachte man die zahlreichen Grabdenkmäler aus dem 15. bis 17. Jahrhundert, den Taufstein aus dem Jahre 1614 und das Altarkreuz aus dem Jahre 1720. Die Bronzegrabplatte Johann Sebastian Bachs stammt aus dem Bach-Jahr 1950. Von 1723 bis 1750 wirkte Bach in dieser Kirche als Thomaskantor und Organist. Große Konzerte des Thomanerchores zu den Messen, um Ostern und zum Weihnachten; Motetten und Kantaten freitags 18 Uhr (nicht während der Schulferien und Konzertreisen).

Gegenüber der Kirche steht das *Bosehaus*, das ehemalige Wohnhaus von Bach am Thomas-Kirchhof, mit Gedächtnismuseum. Nahebei das Leipziger Kabarett „Die Pfeffermühle". Südlich liegt das

Neue Rathaus [10]. Es entstand 1899 bis 1905 an der Stelle der aus der Mitte des 16. Jahrhunderts stammenden *Pleißenburg,* deren Turm als Rathausturm in den neuen Bau einbezogen wurde. – Wenn man vom Markt in östlicher Richtung weitergeht, gelangt man zur

Nikolaikirche [11], in der vor den Leipziger Montagsdemonstrationen, die für die

jüngste Geschichte der DDR von so wesentlicher Bedeutung waren, jeweils ein Gottesdienst abgehalten wurde. Sie wurde bereits um 1165 gegründet. Der gotische Chor stammt aus dem 14., das spätgotische Langhaus aus dem 16. Jahrhundert. Ende des 18. Jahrhunderts wurde das Innere der dreischiffigen Hallenkirche im klassizistischen Stil umgestaltet.

Im Innern beachte man vor allem den spätgotischen Schmerzensmann (15. Jh.), die Kanzel in der südlichen Turmhalle (1521) und den Taufstein (1790).

Der Kirche gegenüber liegt am alten *Nikolai-Kirchhof* die *Alte Nikolaischule,* die 1512 gegr. älteste Schule der Stadt (Backsteinbau von 1568), 1746 umgebaut.

Das neue Zentrum der Großstadt ist der *Karl-Marx-Platz* mit dem neuen, 142,3 m hohen Hochhaus-Komplex der *Universität,* dem 1977–1981 errichteten *Neuen Gewandhaus* [12] (Konzerte des berühmten Gewandhausorchesters; großer Saal mit 1900, kleiner Saal mit 500 Plätzen; größte Orgel der DDR mit 89 Registern und 6638 Pfeifen), dem 1959 bis 1960 erbauten *Opernhaus* [13], dem *Krochhaus* (Glockenspiel am Dach), dem *Haus der Staatlichen Versicherung,* der *Hauptpost* und dem *Interhotel* „Am Ring".

Nördlich davon liegen der *Hauptbahnhof* [14], 1901 bis 1915 mit 26 Parallelgleisen als größter Kopfbahnhof Europas erbaut, und das *Interhotel* „Stadt Leipzig".

Wenn man vom *Karl-Marx-Platz* in östlicher Richtung weitergeht, gelangt man auf den *Johannisplatz* mit dem

Grassimuseum [15]. In dem 1925 bis 1929 errichteten Bau sind mehrere Museen untergebracht. Im *Völkerkunde-Museum* sieht man Gegenstände aus Indien und Hinterindien, Mittel- und Südamerika, Sibirien, Korea, den Pazifischen Inseln u. a. Zum Museum gehört auch eine völkerkundliche Bibliothek. – Das *Kunsthandwerk-Museum* beherbergt u. a. alte Stilmöbel, historische Kostüme, Gegenstände aus Zinn und Schmiedeeisen, alte Gläser, Geschirr und Keramiken. – Im *Musikinstrumentenmuseum* sieht man Instrumente aller Art von Mittelalter bis Neuzeit, darunter auch Instrumente aus außereuropäischen Ländern (Konzerte auf historischen Instrumenten).

An das Museum schließt sich der *Johannisfriedhof* mit historischen Gräbern aus dem 18. Jahrhundert an.

Am *Bayrischen Platz* liegt der *Bayrische Bahnhof* [16]. Er wurde 1842 erbaut und ist der älteste erhaltene deutsche Personenbahnhof (technisches Denkmal). Von hier führt die *Straße des 18. Oktober* zum *Messegelände* und zum *Deutschen Platz* mit der

Deutschen Bücherei [17]. Hier werden alle deutschsprachigen Veröffentlichungen des In- und Auslandes seit 1913 bewahrt (z. Z. etwa 5,5 Millionen Bücher). Der Bau beherbergt auch das *Deutsche Buch- und Schriftmuseum.*

Nicht weit von hier entfernt ist die

Russische Kirche, die 1913 im Stil der Nowgoroder Kirchenbauten des 16. Jahrhunderts erbaut wurde. Die Kirche ist gleichzeitig die Gedenkstätte für die 22 000 russischen Soldaten, die 1813 in der Völkerschlacht gefallen sind.

Noch weiter südlich erhebt sich an der *Leninstraße* das 91 m hohe *Völkerschlachtdenkmal* [18] aus den Jahren 1898 bis 1913. In einem Pavillon in der Nähe wird die Sammlung „Die Geschichte der Französischen Revolution 1789 bis zum Wiener Kongreß 1815" gezeigt. Gegenüber, am Eingang zum Südfriedhof, der *Napoleonstein* (am Standort Bonapartes). Südöstlich des Völkerschlachtdenkmals erhebt sich der *Monarchenhügel,* von dem der russische Zar, der österreichische Kaiser und der preußische König den Verlauf der Schlacht verfolgten.

Vom *Bayrischen Bahnhof* führt die *Riemannstraße* zum *Georgi-Dimitroff-Platz* mit dem ehemaligen Reichsgericht, heute Standort mehrerer Museen. Das

*Museum der Bildenden Künste [19] ist in mehrere Abteilungen gegliedert:

a) *Altdeutsche Malerei:* Werke von Schongauer, Cranach, Meister Franke, Baldung-Grien u. a.

b) *Altniederländische Malerei:* Werke von Jan van Eyck und Rogier van der Weyden.

c) *Niederländische Malerei* des 17. Jahrhunderts; Werke von Rembrandt, Frans Hals, van Goyen, Terborch, Pieter de Hooch, Brouwer u. a.

d) *Italienische Malerei;* Werke von Tintoretto, Guardi, Canaletto u. a.

e) *Deutsche Malerei der Romantik* (18. Jh.); Werke von C. D. Friedrich, Spitzweg, Schwind u. a.

f) *Deutsche Genrebilder und Porträts* (19. Jh.); Werke von Defregger, Lenbach, Rayski u. a.

g) *Deutscher Impressionismus* (spätes 19. Jh.); Werke von Böcklin, Feuerbach,

Thoma, Menzel, Liebermann, Trübner, Klinger, Koch u. a.

h) *Zeitgenössische deutsche Malerei.*

i) *Europäische Malerei des 19. Jahrhunderts;* Werke von Corot, Meunier, Edvard Munch, Segantini u. a.

j) *Skulpturensammlung;* u. a. Werke von Thorwaldsen, Rodin, Meunier, Canova, Kolbe, Klinger, Lehmbruck, Barlach.

k) *Graphische Sammlung.*

Außerdem beherbergt das Gebäude das

Georgi-Dimitroff-Museum mit dem Plenarsaal des ehemaligen Reichsgerichts, in dem der „Reichstagsbrand-Prozeß" (1933) stattfand, Sammlungen über Leben und Werk des bulgarischen Revolutionärs Dimitroff sowie über die Leipziger Arbeiterbewegung.

Im Westen der Stadt befinden sich die *Deutsche Hochschule für Körperkultur und Sport* [20] und das *Zentralstadion* (1956) für 100 000 Zuschauer.

Im Norden der Stadt liegen die *Kongreßhalle* und der

*Zoo [21], der schon um 1878 gegründet wurde. Weltbekannt wurde er aufgrund seiner Löwenzucht; die Tiere werden von hier in Tiergärten der ganzen Welt exportiert. Auch Sibirische Tiger, Bären und Hyänen werden aufgezogen.

Ein Stück weiter nördlich liegt das

Gohliser Schlößchen [22]. Das Barockschlößchen wurde um 1756 erbaut. Im Obergeschoß Festsaal mit einem Deckengemälde (1779), das den „Lebensweg der Psyche" darstellt. Wegen Restaurierung z. Z. keine Besichtigung.

PRAKTISCHE HINWEISE

❶ Leipzig-Information, Sachsenplatz; Reisebüro der DDR, Markt 4.

✈ Flughafen Leipzig-Schkeuditz, 12 km vom Stadtzentrum (Auslandsflüge und Messeverkehr).

🚄 Berlin, Halle, Wittenberg, Dresden, Naumburg, Erfurt, Rostock, Magdeburg und internationale Verbindungen.

🚌 alle Orte der Umgebung sowie Halle, Dresden u. a.

🏨 „Interhotel Am Ring", Karl-Marx-Platz; „Interhotel Stadt Leipzig", Richard-Wagner-Straße 1–5; „Interhotel International", Tröndlinring 8; „Interhotel Astoria", Platz der Republik; „Interhotel Merkur", Gerberstr. (Spielcasino).

Restaurants:
„Auerbachs Keller", Mädlerpassage; Rumänisches Nationalitäten-Restaurant „Doina", Am Naschmarkt; „Stadt Kiew", Am Markt; „Plowdiw" in „Zills Tunnel", Barfußgäßchen; „moderna", Katharinenstraße 17; „Naschmarkt" (Schnellgaststätte), Grimmaische Straße; „Stadt Dresden", Georgiring; „Mühlen-Csarda", Straße der DSF; „Ur-Pilsner Bierstuben", Wiederitzscher Straße 27; „Thüringer Rostbrätl", Corinthstr. 13; „Vogtländische Hutzenstube", Holsteinerstr. 1; „Spreewaldgaststätte", Fichtestr. 25.

Cafés:
„Panorama-Café", im Universitäts-Hochhaus; „Ring-Café", Roßplatz; „Café am Hochhaus", Goethestr. 1; „Café am Brühl", Richard-Wagner-Pl.; „Mokkabar" in Leipzig-Information.

AUSFLÜGE

In einem Umkreis von 10 bis 20 km wird Leipzig von kleineren und größeren Orten umgeben, die vor allem wegen ihrer alten Kirchen besuchenswert sind. Sie sind alle in weniger als einer halben Stunde Fahrzeit (auch mit dem Autobus) erreichbar. Dazu gehören:

Markkleeberg: Barocke Kirche und Herrenhaus desselben Stils. Internationale Landwirtschaftsausstellung „agra".

Markranstädt: Spätgotische Pfarrkirche St. Laurentius mit Renaissance-Flügelaltar; Heimatmuseum.

Dölzig: Spätgotische Pfarrkirche, 1706 umgebaut, schöne Ausstattung.

Breitenfeld/Lindenthal: Gedenkstein für die Schlacht Gustav Adolfs im Dreißigjährigen Krieg; barocke Dorfkirche mit romanischer Kesseltaufe.

Lützen: Gustav-Adolf-Gedenkstätte, Schwedenstein (1837), Schwedische Kapelle (1907), Blockhäuser mit Museum.

Delitzsch: Spätgotische Backstein-Hallenkirche St. Peter und Paul; spätgotische Kirchen St. Marien und Spitalkirche (beide mit bemerkenswertem Flügelaltar). Stadtbefestigung (14. bis 16. Jh.) und alte Bürgerhäuser. Schloß (16./17. Jh.), Kreismuseum.

Podelwitz: Dorfkirche, frühes 16. Jh., nach Brand im 18. Jh. und auch später mehrfach erneuert.

Wurzen: Romanisch-gotischer Dom St. Marien; spätgotisches Schloß; zahlreiche alte Bürgerhäuser; Heimatmuseum.

Leipzig: Altes Rathaus

***Dresden

Dresden (520 000 Einw.), die drittgrößte Stadt der DDR, zieht als bedeutende Kunststadt Touristen aus aller Welt an.

Die Stadt wurde Anfang des 13. Jahrhunderts gegründet; im 15. Jahrhundert wurde sie die ständige Residenz des Wettiner Fürstengeschlechts. Im 16. Jahrhundert erlebte die Stadt unter den Landes- und Kurfürsten, im 17. Jahrhundert unter August dem Starken eine kulturelle Blütezeit. Dresden wurde zu einer der schönsten barocken Residenzstädte.

Nach den schweren Luftangriffen im Februar 1945, die einen großen Teil der Stadt zerstörten, wurde Dresden in den letzten beiden Jahrzehnten wieder aufgebaut, wobei besonderes Augenmerk auf die stilgerechte Erneuerung zahlreicher historischer Bauten gelegt wurde. In den letzten Jahrzehnten entwickelte sich das an der Elbe liegende Dresden zu einer Industriestadt (Elektrotechnik und Elektronik, Maschinen- und Gerätebau, Nahrungs- und Genußmittel, Graphische Betriebe und Arzneimittelproduktion) sowie zu einem Zentrum für Wissenschaft und Ausbildung. An der Technischen Universität und den Hochschulen der Stadt studieren Tausende junger Leute.

Schließlich wird in Dresden auch die musikalische Tradition gepflegt. Hier begründeten Carl Maria von Weber, Richard Wagner und Richard Strauss eine große Operntradition. Während der Sommermonate kann man im Zwingerhof Konzerte der Dresdner Philharmonie hören, die ebenso bekannt ist wie die Dresdner Staatskapelle und der Dresdner Kreuzchor. – Großer Beliebtheit erfreuen sich auch die jährlich stattfindenden Dixieland-Festivals mit bekannten Gruppen aus aller Welt.

SEHENSWÜRDIGKEITEN

Mittelpunkt der Stadt ist der

Altmarkt [1]. Er wird bereits 1370 urkundlich erwähnt und hatte als Markt- und Versammlungsplatz der Bürgerschaft Bedeutung. Unter den Landesfürsten wurden hier oft Turniere und Tierhetzen veranstaltet. 1848 begannen hier die revolutionären Kämpfe, an denen u. a. auch bedeutende Künstler teilnahmen. Kurz vor Kriegsende zerstörten Fliegerbomben den Platz völlig. 1953 begann der Wiederaufbau, dabei wurde der Altmarkt um ein Mehrfaches vergrößert. – Das Gebiet um den Platz ist heute ein beliebtes Einkaufsviertel. Im Norden wird er durch den *Kulturpalast* abgeschlossen, seine Ostseite schmückt die

Kreuzkirche [2]. Sie wurde Anfang des 13. Jahrhunderts gegründet, brannte dreimal ab und wurde 1764 bis 1792 barock wiederaufgebaut. 1945 wurde sie durch Bombentreffer schwer beschädigt und 1946–1955 im alten Stil wiederhergestellt. Die eingeschossige Hallenkirche ist die Heimstätte des *Dresdner Kreuzchores* und besitzt das größte Glockengeläut der DDR. Kreuzchorvespern samstags 18 Uhr. Neben der Kirche steht das

Neue Rathaus [3]. Auf dem 98 m hohen Turm befindet sich eine Aussichtsplattform, von der man einen sehr guten Rundblick hat. Bekrönt wird der Turm von der Figur des „Goldenen Mannes". Hinter dem Rathaus liegt das ehemalige

Gewandhaus, ein nach 1960 wiederaufgebauter frühklassizistischer Bau, der den Gewandschneidern 1768/70 von J. F. Knöbeln errichtet wurde (heute Hotel).

Landhaus [4]. Auch dieser frühklassizistische Bau (1770–1776) wurde nach 1960 wiederaufgebaut. Beachtenswert ist sein monumentales, reich gegliedertes Treppenhaus. Im Landhaus ist das *Museum für Geschichte der Stadt Dresden* untergebracht.

Wenn man der *Landhausstraße* folgt, gelangt man zum *Neumarkt* mit dem

Dresdner Zwinger

29

Johanneum [5], das im 16. Jahrhundert als Stallhof des Schlosses errichtet wurde. Später hat man es mehrmals umgebaut. 1722 bis 1856 war die Gemäldegalerie hier untergebracht. Die Kriegsschäden von 1945 wurden behoben. Heute dient das Gebäude als *Verkehrsmuseum*.

Angeschlossen ist die um 1555 im Renaissancestil erbaute „Schöne Pforte", die früher Portal der Schloßkapelle war. Gegenüber dem Johanneum steht die Ruine der

Frauenkirche [6]. Der barocke Bau stammt aus den Jahren 1726 bis 1734. Er wurde 1945 zerstört. Die Ruine steht als Mahnmal für die Opfer des Bombenkrieges. Vor der Kirchenruine sieht man das 1855 von Donndorf geschaffene *Martin-Luther-Denkmal*.

Man kommt nun am Elbufer zur

*Brühlschen Terrasse [7]. Sie war früher ein Teil der Stadtbefestigungsanlage. Heinrich Graf von Brühl, der Premierminister Friedrich Augusts II., ließ sie 1740 zu einer Gartenanlage umgestalten. Von den zur gleichen Zeit errichteten Bauten des Palais Brühl, der Bibliothek und der Galerie ist heute nichts mehr erhalten. An der Stelle der Galerie steht die *Akademie der Künste*, das *Landtagsgebäude* nimmt die Stelle des Palais Brühl ein. Von der Brühlschen Terrasse hat man einen schönen Blick auf die Elbe.

Am Ostende der Terrasse steht das

Albertinum [8] mit mehreren Kunstsammlungen. Der ursprünglich im 16. Jahrhundert als Zeughaus errichtete Bau wurde mehrmals umgestaltet. In seiner ****Gemäldegalerie Neue Meister** sieht man bedeutende Werke der deutschen Malerei des 19. und 20. Jahrhunderts, u. a. von Friedrich, Richter, Spitzweg, Böcklin, Feuerbach, Liebermann, Corinth, Slevogt, Nolde und Dix (Triptychon „Der Krieg") sowie Werke französischer Impressionisten (Manet, Monet, Renoir, Gauguin, Van Gogh, Degas, Toulouse-Lautrec u. a.).

> Das *****Grüne Gewölbe** (ursprünglich kurfürstliche Schatzkammer im Schloß) beherbergt die größte deutsche Pretiosensammlung. Hier kann man Goldschmiedearbeiten und Schmuckstücke verschiedenster Art vom 15. bis 18. Jahrhundert bewundern. Bemerkenswert sind auch die Elfenbeinschnitzereien und die Kleinplastiken aus Bronze.

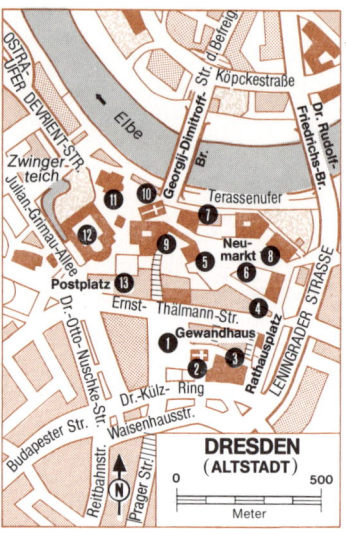

Die *Skulpturensammlung* im Albertinum besteht aus ägyptischen, kretisch-mykenischen, griechischen und römischen Plastiken sowie aus deutschen, italienischen und französischen Werken des 15. bis 20. Jahrhunderts.

Vom Johanneum führt der *Lange Gang* zum Schloß.

Langer Gang. Seine Außenwände zur *Augustusstraße* schmückt die Darstellung eines berittenen **Fürstenzuges* (1872) aller Wettiner Herrscher auf Meißener Porzellankacheln.

Schloß [9]. Reste einer mittelalterlichen Burg wurden im 16. Jahrhundert in den Schloßbau einbezogen. Die große Renaissance-Anlage wurde in der Folgezeit mehrfach verändert, 1945 brannte sie aus, z. Z. wird sie wiederaufgebaut. Die Arbeiten an *Georgentor* und *Stallhof* sind bereits abgeschlossen.

Nördlich des Schlosses erhebt sich die

*Katholische Kathedrale [10], die ehemalige Hofkirche in Dresden. Sie wurde 1739 bis 1755 im Barockstil erbaut, brannte 1945 aus und ist im ursprünglichen Stil wiederhergestellt worden. Die dreischiffige Basilika besitzt einen vierstöckigen Turm auf ovalem Grundriß; die beiden oberen Stockwerke werden von Pfeiler- und Säulengruppen gebildet. Schöne Balustraden, Attiken und Statuen schmücken das Dach des Langhauses.

Im *Innern* beachte man die Gemälde am Hauptaltar („Himmelfahrt Christi") und an den Seitenaltären (1750), die Silbermann-Orgel (1753), die Kanzel (1722), das über 4 m hohe silberne Kruzifix (1756), die Marmorstatue der hl. Magdalena (vor 1666) und die Gruft mit den Sarkophagen sächsischer Könige und Prinzen.

Gleich gegenüber liegt am Elbufer die historische *Gaststätte* „Italienisches Dörfchen" an der Stelle, wo früher die kleinen Häuser der italienischen Steinmetzen standen, die im 18. Jahrhundert die Hofkirche schmückten. Am

Theaterplatz [11] stehen das 1838–1841 von Gottfried Semper entworfene und nach einem Brand 1869 von dessen Sohn Manfred wiedererrichtete *Opernhaus* (am 13. Februar 1985, vierzig Jahre nach Kriegszerstörung, mit C. M. v. Webers „Freischütz" wiedereröffnet), der klassizistische Bau der *Altstädter Wache* (1830 bis 1832), das *Reiterstandbild* des Königs Johann (1889) und das *Denkmal* für Carl-Maria von Weber (1860). Hier liegt auch der weltbekannte

***Zwinger** [12]. Der 1710–1732 von Pöppelmann und Permoser erbaute Zwinger zählt zu den schönsten Barockbauten Deutschlands. Es ist das Wahrzeichen Dresdens und beherbergt einzigartige Kunstsammlungen.

Der *Zwingerhof* ist ein Festspielplatz von 116 m Länge und 107 m Breite. Das sächsische Herrscherhaus veranstaltete hier rauschende Feste. Heute finden hier Konzerte der Dresdner Philharmoniker statt.

Lange Galerien mit sechs Pavillons und drei Portalen umschließen den riesigen Hof an drei Seiten.

Im Süden sieht man das *Kronentor*, dessen Obergeschoß nach allen vier Seiten hin offen ist und von einer geschwungenen Kuppel bedeckt wird. Darüber befinden sich vier Adler und die polnische Königskrone.

Neben dem Kronentor liegen das *Museum für Tierkunde* und der *Mathematisch-Physikalische Salon* (Instrumente aus allen Gebieten der Naturwissenschaft).

Vom Nordende der beiden Pavillons gehen Bogengalerien aus, an deren Scheitelpunkt im Westen der *Wallpavillon* und im Osten der *Glockenspielpavillon* liegen. Das Erdgeschoß jedes der beiden Pa-

villons ist nach allen Seiten hin offen, das als Festsaal eingerichtete Obergeschoß wird von Pfeilern und Bögen getragen. Das Glockenspiel des gleichnamigen Pavillons besteht aus Meißner Porzellanglocken.

Von den beiden Pavillons setzen sich die Bogengalerien fort zum *Französischen Pavillon* im Westen und zum *Deutschen Pavillon* im Osten. Beide gleichen den zuvor beschriebenen Pavillons.

An den Französischen Pavillon schließt im Westen das *Nymphenbad* an; eine der schönsten barocken Brunnenanlagen Deutschlands: Das von Grottennachbildungen umgebene Wasserbecken mit einem Springbrunnen steht in einem kleinen Hof, der von Nymphenfiguren und einer Kaskade mit Delphinen, Najaden und Tritonen geschmückt wird.

Die Pavillons sind als Museen ausgestaltet. Zwischen Kronentor und Glockenspielpavillon befindet sich die Porzellansammlung mit frühem Meißner Porzellan und mit chinesischem Porzellan der verschiedenen Dynastien.

An der nördlichen, dem *Theaterplatz* zugewendeten Seite des Zwingers erhebt sich der Prachtbau der *Gemäldegalerie*, der 1847 bis 1854 von Gottfried Semper im Stil italienischer Renaissancepaläste erbaut wurde.

***Gemäldegalerie Alte Meister.** Die heute bedeutendste Gemäldesammlung der DDR wurde vom Herzog Georg, dem Gönner Lukas Cranachs, gegründet. Am meisten vertreten sind die italienischen und die niederländischen Meister.

Die Gemäldegalerie gliedert sich in die Abteilungen:

Altdeutsche Meister, mit Werken von Dürer, Holbein („Goldschmied Morette"), Baldung-Grien, Cranach d. Ä.

Altniederländische Meister, mit Werken von Jan van Eyck u. a.

Niederländische Meister des 17. Jahrhunderts, mit Werken von Rembrandt (Doppelbildnis des Künstlers und seiner Frau; „Brandopfer des Manoah"; „Raub des Ganymed"); Rubens („Neptun auf dem Wogen", „Merkur und Argos", „Die Schweinsjagd"); van Dyck („Die drei Kinder Karls I."), Frans Hals, Vermeer u. a.

Italienische Meister des 15. und 16. Jahrhunderts, mit Werken von Raffael (**„Sixtinische Madonna"), Tizian („Der Zinsgroschen"), Giorgione, Veronese

("Anbetung der Könige", "Auffindung Moses", "Verehrung der Madonna") u. a.

Spanische Meister des 17. Jahrhunderts, mit Werken von Velázquez und Murillo.

Französische Meister des 17. Jahrhunderts, mit Werken von Poussin, Claude Lorrain ("Flucht der heiligen Familie", "Acis und Galatea") u. a.

Deutsche Meister des 17. Jahrhunderts, mit Werken von Elsheimer u. a.

Italienische, französische und deutsche Meister des 18. Jahrhunderts, mit Werken von Canaletto, Watteau, Pesne, Graff u. a., sowie Pastellzeichnungen.

Den Ostflügel des Museums nimmt das

Historische Museum ein. Es beherbergt kostbare Sammlungen von Prunkgewändern und Kleidern des sächsischen Königshofes, reich geschmückte Waffen und kunsthandwerkliche Gegenstände aus dem Orient.

Am Zwinger lag das

Taschenbergpalais [13], ein Barockbau aus den Jahren 1707 bis 1711 von Pöppelmann (Erbauer des Zwingers). Er wurde bis zu ihrer Verbannung auf Burg Stolpen von der Gräfin Cosel bewohnt. Im Zweiten Weltkrieg brannte das Palais aus.

Vor dem Palais steht der 18 m hohe neugotische *Cholerabrunnen*, der 1843 nach einem Entwurf von Semper (Erbauer der Gemäldegalerie) errichtet wurde.

*

Wenn man vom *Bahnhof Dresden-Mitte* [14] in westlicher Richtung geht, gelangt man zum ehemaligen

Palais Marcolini [15], das seit 1845 als Krankenhaus dient. Im Garten des im 18. Jahrhunderts barock erbauten und später mehrmals umgestalteten Baus liegt die 1746 fertiggestellte Anlage des *Neptunbrunnens* mit überlebensgroßen Figuren, künstlichen Felsen und Grotten.

Der alte *katholische Friedhof* (erste Hälfte des 18. Jh.), mit einer sehenswerten

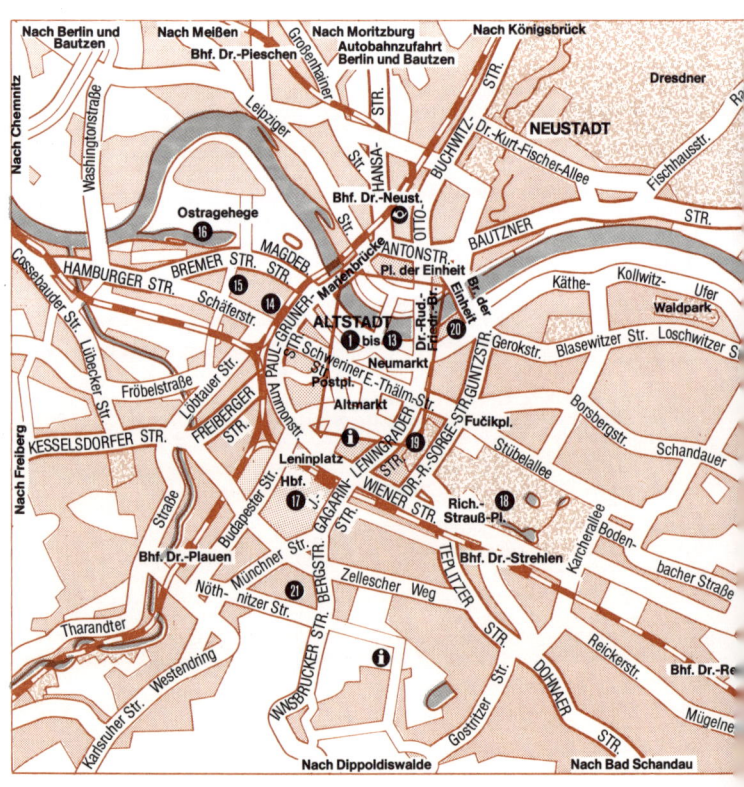

Kreuzigungsgruppe in der *Friedhofska-pelle,* liegt dem Palais gegenüber. Etwas weiter nördlich erstreckt sich der *Elbhafen* [16].

*

Wenn man vom *Hauptbahnhof* [17] der *Wiener Straße* nach Osten folgt, gelangt man zum

*Großen Garten [18]. Die 1676 bis 1694 angelegte ausgedehnte barocke Gartenanlage wird von schnurgera-den schattigen Alleen durchzogen. Blumenbeete, kleine Teppiche, zahl-reiche Plastiken und Figurengruppen sowie ein Palais mit Wasserbecken und sechs Pavillons („Kavaliershäu-ser") aus dem Ende des 17. Jahrhun-derts beleben die Anlage. Hier wurde 1950 ein *Kulturpark* mit Pioniereisen-bahn, Freilichttheater u. a. geschaf-fen.

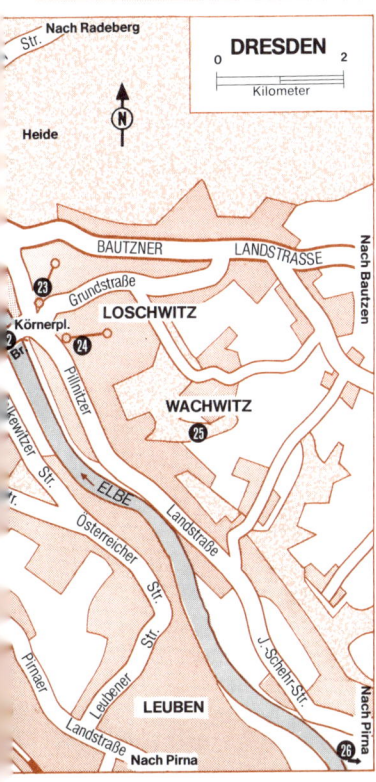

Das *Palais* selbst wurde in den Jahren 1678 bis 1683 im Stil des Frühbarocks von J. G. Starcke erbaut. Es brannte 1945 aus, wurde wiederaufgebaut und beher-bergt Kunstwerkstätten. Der Mittelteil der schönen Fassade besitzt einen leicht vorspringenden Anbau, zu dem zwei Frei-treppen hinaufführen. Man beachte den reichen Figurenschmuck.

An der Nordseite des Großen Gartens liegt der *Botanische Garten,* an der Südsei-te der *Zoo* mit vielen exotischen Tieren. Die westliche Verlängerung der Hauptal-lee des Großen Gartens führt zum

*Deutschen Hygiene-Museum [19], das zugleich auch ein Institut für Gesund-heitserziehung und eine Produktionsstät-te für Modelle und andere Anschauungs-materialien ist. Seine „gläsernen Men-schen", sein „gläsernes Pferd" und seine „gläserne Kuh" wurden als Meisterwerke deutscher wissenschaftlicher Produk-tionsarbeit schon in vielen Ländern der Welt bei Ausstellungen gezeigt. Das Hy-giene-Museum unterstützt auch asiati-sche und afrikanische Staaten beim Auf-bau eines wirksamen Gesundheitswesens.

*

Im östlichen Teil der Altstadt *(Güntzstra-ße 34)* befinden sich im ehemaligen Kunstgewerbemuseum das

*Kupferstich-Kabinett [20], mit rund ei-ner halben Million Zeichnungen und Graphiken vom 15. Jahrhundert bis zur Gegenwart die bedeutendste Sammlung dieser Art in der DDR, das *Münzkabinett* sowie die *Zentrale Kunstbibliothek* mit 30 000 Bänden zu allen Gebieten der bil-denden Kunst.

Im nahen *Eliasfriedhof* (nicht öffentlich), der nach der Pest im Jahre 1680 angelegt wurde, sind Grabdenkmäler aus dem 18. und 19. Jahrhundert.

Wenn man vom *Hauptbahnhof* der *Juri-Gagarin-Straße* und der *Bergstraße* nach Süden folgt, stößt man auf das riesige Ge-lände der

Technischen Universität [21]. Die Uni-versitätsstadt wurde bereits 1890 gegrün-det; bis 1945 bedeckte sie eine Fläche von 15 Hektar. Nach ihrer weitgehenden Zer-störung im Zweiten Weltkrieg wurde sie neu aufgebaut und dehnt sich heute über eine Fläche von etwa 250 Hektar aus. Viele Hörsäle können 600 bis 800 Studen-ten fassen. In den Studentenwohnheimen leben Tausende von Studenten. Im *Georg-Schumann-Bau* der Technischen Universität ist eine Gedenkstätte für die hier von den Nationalsozialisten hingerichteten Widerstandskämpfer zu sehen.

*

Im Stadtzentrum führen vier Brücken über die Elbe. Dieser rechtselbische Teil der Innenstadt ist die

Neustadt, die jetzt modern und großzügig aufgebaut wird. In alter Schönheit neu erstanden sind das barocke *Blockhaus* (am Neustädter Brückenkopf), das *Kügelgen-Haus* (Straße der Befreiung 13) und die barocke *Dreikönigskirche* (1732 bis 1739, Pöppelmann). Von den erhalten gebliebenen alten Bauten der Neustadt sind bemerkenswert der *Jägerhof* (Köpckestraße 1), ein Renaissancebau aus den Jahren 1568 bis 1613, in dem heute das *Museum für Volkskunde* (alte Volkstrachten, Keramiken, Schmiedearbeiten, Kinderspielzeug usw.) untergebracht ist; das barocke *Japanische Palais* (18. Jh.) mit dem *Landesmuseum für Vorgeschichte* und dem *Museum für Völkerkunde;* der *Goldene Reiter,* ein Reiterstandbild Augusts des Starken aus Kupfer und feuervergoldet (1736), am *Neustädter Markt;* die klassizistischen *Torhäuser* am *Karl-Marx-Platz* und zahlreiche Bürgerhäuser aus dem 18. Jahrhundert.

*

Lohnend ist die Fahrt in die östlichen Randbezirke der Stadt. Man überquert die Elbe auf der

Loschwitzer Brücke [22], die im Volksmund „Blaues Wunder" genannt wird. Sie wurde 1893 gebaut und hat 141,5 m Spannweite zwischen den Pfeilern.

Vom *Körnerplatz* führt eine *Standseilbahn* [23] zum „Weißen Hirsch", einem Ausflugsgebiet Dresdens, wo sich auch die Gedenkstätte an die letzten Lebensjahre des dänischen Dichters Martin Andersen Nexö befindet (Collenbuschstr. 4). Eine *Schwebeseilbahn* [24] führt auf die *Loschwitzer Höhen.* Von dort hat man einen schönen Blick auf die Stadt und ihre Umgebung.

Im Stadtteil *Loschwitz* gibt es mehrere klassizistische Schloßbauten aus der Mitte des 19. Jahrhunderts, so *Schloß Albrechtsberg* (1850–1854; heute Pionierpalast); *Schloß Lingner* (um 1850; heute Klub der Intelligenz; auch als „Villa Stockhausen" bekannt). Das im Stil einer mittelalterlichen Burg angelegte *Schloß Eckberg* beherbergt ein Jugend-Touristhotel.

Man folgt nun der *Pillnitzer Landstraße* nach Süden. Im Stadtteil *Wachwitz* erhebt sich auf den Wachwitzer Höhen der 1969 fertiggestellte

Fernsehturm [25]. Er ist 252 m hoch, besitzt ein zweistöckiges Turmcafé in 148 m Höhe und eine Aussichtsplattform, von der aus man eine weiten Rundblick hat.

Noch weiter südlich liegt der Stadtteil *Hosterwitz* mit der *Schifferkirche* „Maria am Wasser" (im Kern spätgotisch, 1704 barockisiert) und der ehemaligen Sommerwohnung des Komponisten Carl Maria von Weber (1818–1824; Dresdener Straße 44; Gedenkstätte).

Schließlich gelangt man am Elbeufer zum

**Schloß Pillnitz [26]. Die beiden einander gegenüberliegenden Schloßbauten *Wasserpalais* und *Bergpalais* wurden von dem Baumeister Pöppelmann (Erbauer des Zwingers) 1720 bis 1723 im Barockstil, mit geschwungenen Dächern, die an chinesische Vorbilder einnern, erbaut. Sie dienen heute als **Museum für Kunsthandwerk.* Es beherbergt eine wertvolle Sammlung von Möbeln aller Stile von der gotischen Zeit bis zum Anfang des 20. Jahrhunderts, ferner chinesisches und japanisches Porzellan, europäische und orientalische Keramiken u. v. a. Vom Wasserpalais führt eine breite Treppe hinunter zum Fluß; dort befand sich eine Anlegestelle für Gondeln.

Die beiden Schloßbauten werden durch die *Galerien* des *Neuen Schlosses* (1818 bis 1826) miteinander verbunden.

Der **Lustgarten* des Schlosses ist eine barocke Anlage mit Blumenrabatten und

Schloß Pillnitz

einer Fontäne. Hier finden Konzerte statt. Daran anschließend öffnet sich der *Schloßpark* mit Zierhecken, prächtiger Kastanienallee, Englischem und Chinesischem Garten. Eine 9 m hohe japanische Kamelie wurde 1850 gepflanzt. Die *Orangerie* stammt aus der Zeit um 1730, der klassizistische *Rundtempel* aus dem Jahre 1789 und der *Chines. Pavillon* von 1804.

Nordöstlich des Schlosses ist die barocke *Weinbergkirche* (1723 bis 1727) von Pöppelmann sehenswert.

PRAKTISCHE HINWEISE

❶ Reisebüro der DDR, Bezirksdirektion, Ernst-Thälmann-Straße 22, Tel. 4 86 50; Dresden-Information, Prager Straße 10, Tel. 4 95 50 25.

✈ Flughafen Dresden-Klotzsche; 10 km vom Stadtzentrum. Im Inland nur Charterverkehr.

🚄 Berlin, Meißen, Bautzen, Görlitz, Freiberg/Sachsen, Kurort Rathen, Bad Schandau, Prag, Wien, Budapest u. a.

🚌 Moritzburg, Radebeul, Meißen, Heidenau/Großsedlitz sowie alle Orte der Umgebung und Ferienorte im Erzgebirge und Elbsandsteingebirge.

🚢 Elbe-Ausflugsorte, Meißen u. a.

🏨 „Interhotel Dresdner Hof", Neumarkt; „Interhotel Bellevue", Köpckestraße; „Interhotel Newa", Leningrader Straße 34; „Interhotel Prager Straße", bestehend aus „Königstein" und „Lilienstein", Prager Straße; „Interhotel Astoria", Ernst-Thälmann-Platz 1; „Interhotel Motel", Münzmeisterstraße 70.

Restaurants: „Restaurant Leningrad", im Hotel Newa, Leningrader Straße; „Am Zwinger", Ernst-Thälmann-Straße; „Gaststätte am Gewandhaus", Ringstraße 1; „Ratskeller", Dr.-Külz-Ring.

AUSFLÜGE

1. *Schloß Moritzburg, 15 km. Das Schloß wurde Mitte des 16. Jahrhunderts im Renaissancestil erbaut und 1723–1736 barock umgebaut und erweitert. Heute dient das dem. Jagdschloß mit seinen wuchtigen Rundtürmen und reich ausgestatteten Prunksälen als *Barockmuseum (Stilmöbel, chinesisches und japanisches sowie Meißner Porzellan, Prunkkarossen und Hofkutschen, Sänften, Jagdwaffen, Gemälde u. a.) und als historische Kulisse für festliche (Musik-)Veranstaltungen.

Im Jagdschloß befindet sich eine *Käthe-Kollwitz-Gedächtnisstätte.* Im Ort Moritzburg steht das Sterbehaus (Rüdenhof) von Käthe Kollwitz.

Das Schloß ist von einer Terrasse umgeben, die mit kunstvollen Balustraden, Figurengruppen u. a. geschmückt ist.

Im nahen *Fasanerie-Schlößchen* ist ein *Vogelkunde-Museum* untergebracht. In den 1733 erbauten Schloßstallungen befindet sich eine „Hengst-Schule", die durch ihre Parade bekannt wurde.

2. Heidenau-Großsedlitz, 15 km. Die aus der ersten Hälfte des 18. Jahrhunderts stammende barocke **Schloß- und Gartenanlage ist wegen ihrer Terrassen, ihrer Doppeltreppe, ihrer Fontänen- und Kaskadenanlagen sehenswert. Im *Friedrichschlößchen* (1872–1874) befindet sich eine Gaststätte.

3. Pirna, 20 km. In der historischen alten Stadt aus dem 12. Jahrhundert ist die *Stadtkirche St. Marien (15.–16. Jh.) eine Besichtigung wert; ebenfalls interessant sind die *gotische Klosterkirche* des ehemaligen Dominikanerklosters mit spätgotischem *Kapitelgebäude* (heute *Stadtmuseum*), die ehemalige *Festung Sonnenstein* (16.–19. Jh.), das alte *Rathaus mit einer Kunstuhr (1612) am Turm und die zahlreichen spätgotischen Bürgerhäuser.

4. Radebeul, 8 km. Der romantisch zwischen Weinbergen gelegene Nachbarort Dresdens besitzt zahlreiche gut erhaltene Herrensitze und Adelshäuser aus der Renaissance und dem Barock. Radebeul ist die Heimat des berühmten Jugendschriftstellers Karl May; im *Indianer-Museum der Karl-May-Stiftung kann man „Winnetou" und „Old Shatterhand" bewundern und die Geschichte der nordamerikanischen Indianer dargestellt finden.

5. **Königstein, 30 km. Im 13. Jahrhundert wurde Königstein erstmals erwähnt; im 16. Jahrhundert zur uneinnehmbaren Festung ausgebaut, diente es als Fluchtburg des sächsischen Hofes und als Gefängnis. Dort lebte von 1706 bis 1707 Johann Friedrich Böttger, der 1708 das europäische Porzellan erfand. Seine einstigen Wohn- und Arbeitsräume kann man besichtigen.

Weitere sehr lohnende Tagesfahrten kann man in die schön gelegenen Kurorte und -bäder der **Sächsischen Schweiz unternehmen, deren bizarre, hoch aufragende Wälder sowohl Wanderer wie auch Bergsteiger anlocken. Ein weiteres Erholungs- und Skigebiet in der Nähe Dresdens bildet der über 900 m Höhe aufragende Kamm des Ost-Erzgebirges.

***Weimar

Weimar (63 000 Einw.), Kreisstadt im Bezirk Erfurt, liegt an der Ilm und zählt zu den traditionsreichsten Pflegestätten des deutschen Geistes- und Kulturgutes.

Die kleine thüringische Stadt wurde 975 als Ort eines Fürstentages, den Otto II. hier abhielt, erstmals urkundlich erwähnt. Von 1547 bis 1918 war Weimar die Residenzstadt des Herzogtums (seit 1815 Großherzogtum) Sachsen-Weimar.

> Mit dem Regierungsantritt des Herzogs Karl August (1775) und der Ankunft Goethes wurde Weimar das literarische Zentrum des deutschsprachigen Raums und der Mittelpunkt des klassischen Humanismus. Hier wirkten neben Goethe, Schiller, Herder und Wieland zahlreiche andere namhafte Künstler und Gelehrte. Auch nach dem Tode Goethes (1832) blieb Weimar der Wohnsitz vieler Persönlichkeiten aus Kunst, Literatur und Musik (u. a. Franz Liszt, Peter Cornelius, Hoffmann von Fallersleben).

1919 wurde Weimar Tagungsort der Nationalversammlung (Annahme der Weimarer Verfassung; Weimarer Republik), 1920 die Hauptstadt Thüringens (bis 1952). Heute haben die nationalen Forschungs- und Gedenkstätten der klassischen deutschen Literatur in Weimar ihren Sitz. Goethe und Schiller sind in Weimar begraben.

Heute ist Weimar auch eine Industriestadt (Uhren- und Elektronikindustrie; Landmaschinen u. a.).

Auf dem Ettersberg nordwestlich von Weimar erstreckt sich das Gelände von Buchenwald (Gedenkstätte). Hier wurden in den Jahren 1938 bis 1945 mehr als 238 000 Menschen aus fast allen Ländern Europas in einem Konzentrationslager gefangengehalten und 56 000 Widerstandskämpfer und Juden aus 18 Nationen ermordet. 1945-1950 befand sich hier ein sowjetisches Internierungslager.

SEHENSWÜRDIGKEITEN

Vom *Hauptbahnhof* führt die *Leninstraße* in das Stadtzentrum. In der *Karl-Liebknecht-Straße* liegt das

Bertuchhaus [1]. Der klassizistische Bau entstand um 1780 und beherbergt heute das *Stadtmuseum* mit Gegenständen der bäuerlichen Volkskultur, mit Bildern und Dokumenten zur Stadtgeschichte u. v. a. Nur wenige Schritte weiter östlich steht die

Jakobskirche [2]. Sie wurde 1712 bis 1713 im Barockstil erbaut. In dem kleinen Friedhof war die ursprüngliche Begräbnisstätte Schillers. Dort sind auch die Gräber von Lucas Cranach, Christiane von Goethe, Karl August Musäus (Schriftsteller und Gelehrter am Weimarer Hof) und anderer bedeutender Persönlichkeiten.

Die *Karl-Liebknecht-Straße* mündet in den *Goetheplatz*. Hier steht der im 18. Jahrhundert umgebaute *Kasseturm* [3], der früher zur mittelalterlichen Stadtbefestigung gehörte (heute Jazzkeller).

Gleich darauf kommt man auf den *Theaterplatz* mit dem

*Deutschen Nationaltheater [4]. Der Weimarer Bauunternehmer Anton Georg Hauptmann errichtete 1779 das erste Komödienhaus der Stadt. 1791 übernahm Goethe die Leitung des Theaters. Er ließ hier auch die Dramen Schillers aufführen. 1825 brannte das Haus ab und wurde im klassizistischen Stil wiedererrichtet. Unter der Leitung von Dingelstedt und Franz Liszt gingen hier im vorigen Jahrhundert die Opern Richard Wagners und die Königsdramen Shakespeares über die

Goethe-Schiller-Denkmal

Bühne. Ende des 19. Jahrhunderts dirigierte Richard Strauss das Orchester. 1907 hat man das Theater wegen Baufälligkeit abgebrochen und im gleichen Stil neuerbaut. 1945 wurde das Gebäude bis auf die Fassade und die Außenmauern kriegszerstört. Das Haus wurde 1948 neu eröffnet, 1975 erfolgte eine umfassende Restaurierung. Vor dem Eingang steht das *Goethe-Schiller-Denkmal* (1859; Ernst Rietschel).

Dem Theater gegenüber liegt das

*Wittumspalais [5]. Der zweistöckige Barockbau entstand 1767. Er beherbergt bedeutende *Kunstsammlungen*, Gemälde von Tischbein, Graff, Jagemann und Kraus, mehrere Porträtplastiken und Erinnerungsstücke an die Tafelrunde der Herzogin Anna Amalia (Ende des 18., Anfang des 19. Jh.). Hier befindet sich auch das *Wieland-Museum.*

Man biegt jetzt in die *Schillerstraße* ein und gelangt kurz darauf zum

**Schillerhaus [6]. Hier wohnte der Dichter von 1802 bis zu seinem Tode 1805. In der Mansarde des zweistöckigen Hauses liegen sein Wohnraum und sein Arbeitszimmer, wo er u. a. den „Wilhelm Tell" schrieb. Auf dem Schreibtisch liegt das Blatt mit den letzten Versen des unvollendet gebliebenen Werkes „Demetrius". Im Anbau befinden sich das *Schiller-Nationalmuseum* und die Schillersche Bibliothek.

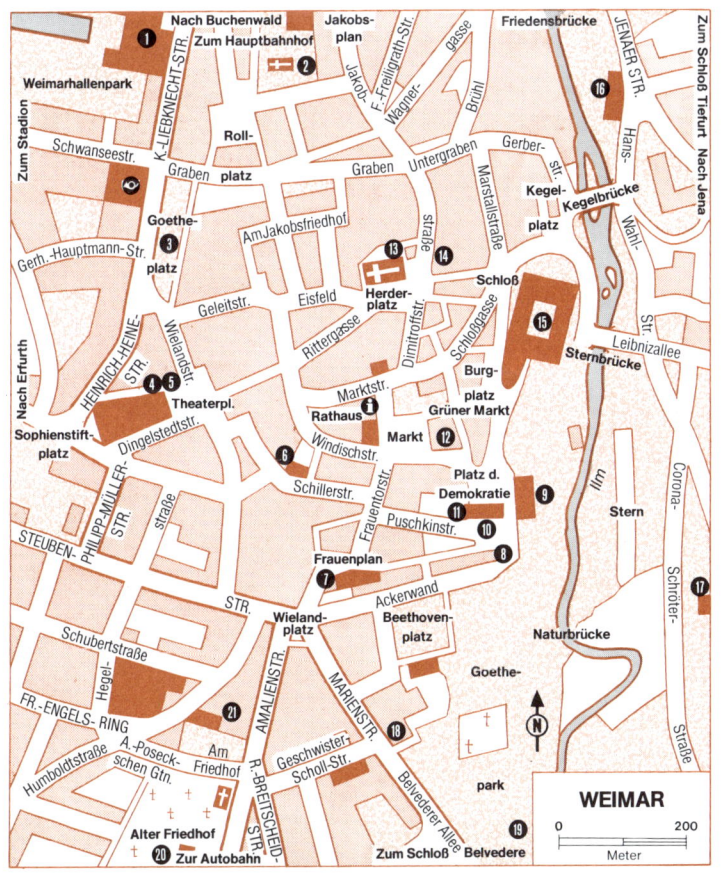

**Goethehaus [7] (am Frauenplan). In dem zweistöckigen Barockbau aus der Zeit um 1700 lebte Goethe von 1782 bis zu seinem Tod 1832. Das Innere des Hauses wurde nach Goethes eigenen Angaben umgebaut. Es enthält Teile der Kunstsammlungen des Dichters, seine mineralogische und andere naturwissenschaftliche Sammlungen sowie Goethes Bibliothek mit etwa 5400 Büchern. Arbeitszimmer und Sterbezimmer des Dichters sind historisch getreu erhalten. Angeschlossen ist das *Goethe-Nationalmuseum* (zu dem auch das Goethehaus gehört) mit umfassenden Sammlungen und Darstellungen aus dem Leben und Werk des Dichters.

Durch die *Seifengasse* kommt man zum

Haus der Frau von Stein [8]. Das ehemalige Stallgebäude wurde 1776 unter der persönlichen Anleitung Goethes zum Wohnhaus umgebaut.

Nun biegt man nach Norden ab und sieht zuerst das

Grüne Schloß [9] mit der *Zentralbibliothek der deutschen Klassik*, 1562–1565 für den Bruder des Herzogs als Wohnhaus errichtet. Der ursprüngliche Renaissancebau wurde 1761–1766 umgebaut. 1805 wurde eine Verbindung zu einem Wehrturm der ehemaligen Stadtbefestigung hergestellt. Der *Rokoko-Saal* birgt die literarischen Kostbarkeiten des klassischen Weimar.

Gegenüber liegt der *Platz der Demokratie* mit dem barocken „Landschaftshaus", dem *Fürstenhaus* [10], der heutigen *Hochschule für Musik „Franz Liszt"*, dem *Reiterstandbild* des Großherzogs Karl August (1875), dem 1574 bis 1576 erbauten *Roten Schloß* [11] mit bemerkenswertem Hauptportal und dem barocken *Gelben Schloß* aus der Zeit um 1702.

An den Platz schließt im Westen der *Markt* an. Hier beachte man vor allem das

*Lucas-Cranach-Haus [12], das von dem berühmten Maler bewohnt wurde, der 1552 nach Weimar kam und 1553 hier starb. Die Fassade des um 1549 errichteten dreistöckigen Renaissancehauses wurde Mitte des 19. Jahrhunderts umgestaltet. Reich gegliedert ist das Erdgeschoß.
Nun biegt man rechts ab in die *Dimitroffstraße* und geht nach Norden bis zum *Herderplatz* mit der

*Herderkirche [13]. Die nach dem berühmten deutschen Philosophen benannte *Stadtkirche St. Peter und Paul* ist eine spätgotische Hallenkirche mit drei Schiffen vom Ende des 15. Jahrhunderts. 1735 bis 1745 wurde sie barock umgebaut.

Johann Gottfried Herder, dessen *Denkmal* vor der Kirche steht, war einer der bedeutendsten Vertreter des klassischen

Herderkirche in Weimar

deutschen Humanismus. 1776 kam er durch Vermittlung Goethes als Prediger hierher. Er wurde 1803 im Westchor der Kirche (unter der Orgelempore) bestattet. Bedeutende Kunstwerke der Kirche sind der Flügelaltar mit dem Altarbild (1555) von Lucas Cranach („Kreuzigung Christi", L. Cranach d. Ä. und d. J.) und Grabdenkmäler von Mitgliedern des Fürstenhauses aus dem 16. und 17. Jh.

Am Beginn der nahen *Jakobstraße* liegt das im Kern spätmittelalterliche

Kirms-Krackow-Haus [14], das später eine einfache Barockfassade erhielt. Sehenswert sind der Hof mit einer hölzernen Galerie, die **Gedenkräume* für drei bedeutende Schriftsteller am Weimarer Hof, Herder, Falk und Musäus, und der Garten mit einem Teehaus.

Von hier ist es nicht mehr weit zum

*Residenzschloß [15]. Ursprünglich stand hier eine mittelalterliche Burg, die 1424 abbrannte. Auch spätere Burgbauten fielen Bränden zum Opfer. Das heutige Schloß entstand 1789 bis 1803, der südliche Anbau 1913. Die Ostfront mit ihrer klassizistischen Fassade blickt auf die Ilm. Der noch aus dem Mittelalter erhaltene Turm hat einen reichen Barockaufsatz aus dem Jahre 1728.

Die „Bastille" ist in ihrem Kern spätgotisch (15. Jh.).

Besonders bemerkenswert sind im Innern das Große Treppenhaus, der auf Säulen ruhende Festsaal, das Luisenzimmer und die Goethe-Galerie. Das Schloß beherbergt heute Einrichtungen der *Nationalen Gedenkstätten der klassischen deutschen Literatur* und die

*Kunstsammlungen zu Weimar. Sie enthalten prächtig geschnitzte alte Thüringer Altäre, Gemälde von Cranach, eine *Gemäldegalerie* mit Werken italienischer Meister (Veronese, Tintoretto u. a.) und Niederländer (Rubens, van Ostade u. a.) sowie eine umfangreiche Sammlung deutscher Maler von der Goethezeit bis zum 20. Jahrhundert, einschließlich Impressionismus, Jugendstil und Weimarer Bauhaus (Werke von Friedrich, Runge, Schwind, Buchholz, Böcklin, Liebermann, Beckmann, Gropius, Feininger, Klee u. v. a.); außerdem eine umfangreiche *graphische Sammlung* und ein *Münzkabinett.*

Das südlich vom Schloß liegende ehemalige *Reithaus*, das 1717 barock erbaut wurde, dient heute als *Haus der Jungen Pioniere „Pawlik Morosow",* der Kinderorganisation der DDR.

Nördlich vom Schloß überquert man auf der *Kegelbrücke* die *Ilm* (davor rechts ein Denkmal Albert Schweitzers, links ein Denkmal für Adam Mickiewicz). Die *Tiefurter Allee* führt von hier in östlicher Richtung zum *Schloß Tiefurt,* dem ehemaligen Sommersitz der Herzogin Amalia von 1781 bis 1806, mit einem schönen Landschaftspark, Denkmälern und kleinen Pavillons. – Das

*Goethe- und Schiller-Archiv [16], nördlich der Kegelbrücke, gilt als größtes Archiv deutscher Literatur. Es ist für die Öffentlichkeit nicht zugänglich. Es besitzt 60 geschlossene Dichternachlässe (u. a. von Wieland, Herder, Hebbel, Mörike) und 60 000 Handschriften von Persönlichkeiten des 18. bis 20. Jahrhunderts.

Der *Park an der Ilm* ist ein schöner Landschaftsgarten, an dessen Gestaltung im 18. Jahrhundert u. a. auch Goethe maßgeblich mitwirkte. Er erstreckt sich bis nach *Ober-Weimar.* Im Park liegt das

**Gartenhaus Goethes [17]. Es stammt aus dem 17. Jahrhundert und war von 1776 bis 1782 der ständige Wohnsitz des jungen Dichters. Es enthält noch alte Möbel und zahlreiche Erinnerungsstücke an Goethe (dienstags geschl.).

An der westlichen Parkseite, am Ende der *Marienstraße,* liegt das

*Liszthaus [18]. Hier wohnte Franz Liszt von 1869 bis 1886. Sein kombiniertes Wohn- und Arbeitszimmer ist originalgetreu eingerichtet und beherbergt viele Erinnerungsgegenstände an den Komponisten. Im anschließenden Park steht das 1902 aufgestellte Liszt-Denkmal.

Folgt man von hier der *Belvedere Allee,* so gelangt man zum

*Barockschloß Belvedere [19] aus den Jahren 1724 bis 1732. Es ist heute als *Rokoko-Museum* eingerichtet und enthält noch mehrere prunkvoll ausgestattete und mit Kunstwerken des 17. und 18. Jahrhunderts geschmückte Räume.

Der Barockgarten wurde später zu einem Landschaftspark umgestaltet. In der *Orangerie* sieht man eine Sammlung historischer Kutschen. Das Naturtheater stammt aus dem Jahre 1832.

*

Eine andere Sehenswürdigkeit der Stadt ist die

*Goethe-Schiller-Gruft [20] im *Friedhof vor dem Frauentor.* Sie stammt aus den Jahren 1822–1827 und enthält die Sarkophage Goethes, Schillers und des Großherzogs Karl August. Auf dem Friedhof findet man auch die Gräber zahlreicher Mitglieder der Familie Goethes, das Grab von J. P. Eckermann, das Grab der Frau von Stein und die russisch-griechische Kapelle mit dem Mausoleum der Großherzogin Maria Pawlowna. Auf dem südlichen Teil des Friedhofs befindet sich auch das Denkmal der Märzgefallenen von Walter Gropius.

In der nahen *Amalienstraße* steht das

Museum für Ur- und Frühgeschichte Thüringens [21]. Es ist im „Poseckschen Haus", einem Patrizierhaus aus dem Jahre 1791, untergebracht. Man sieht hier bedeutende archäologische Funde aus verschiedenen Teilen Thüringens, u. a. den Altsteinzeitmenschen von Ehringsdorf, jungsteinzeitliche Werkzeuge, das bronzezeitliche Hügelgrab von Schwarza und ein Fürstengrab aus dem frühen Mittelalter aus Haßleben.

*

Wenn man vom *Hauptbahnhof* der *Ettersburger Straße* nach Norden folgt, so gelangt man (nach 8 km) zur

*Nationalen Mahn- und Gedenkstätte Buchenwald. Sie entstand 1954 bis 1958

zur Erinnerung an die Opfer der Hitler-Diktatur und besteht aus einem *Ehrenhain* mit dem *Stelenweg*, der *Straße der Nationen*, dem *Feierplatz* mit einem 56 m hohen *Glockenturm* und der eindrucksvollen *Figurengruppe* von F. Cremer. Auf dem ehemaligen Gelände des nationalsozialistischen Konzentrationslagers (1945-1950 sowjetisches Internierungslager), liegen das *Museum der Widerstandsbewegung* und die *Thälmann-Gedenkstätte*.

Im nahen *Ettersburg* befindet sich auch ein barockes ehemaliges *Jagdschloß* mit neugotischer Schloßkirche, in der man einen bemerkenswerten spätgotischen Flügelaltar, einen Taufstein aus dem 15. Jh., eine Kanzel und ein Kruzifix aus dem 16. Jh. sehen kann.

PRAKTISCHE HINWEISE

❶ Weimar-Information, Marktstraße 4; – Reisebüro der DDR, Zweigstelle Weimar, Markt-Stadthaus.

🚗 Bad Berka, Erfurt, Gotha, Eisenach, Gera, Leipzig, Berlin u. a.

🚃 Apolda, Jena, Ettersburg, Buttstädt u. a.

🏨 „Interhotel Elephant", Am Markt 19, „International", am Bahnhof; „Einheit", am Bahnhof, u. v. a.

Restaurants: „Zum Weißen Schwan", Frauentorstraße 23; „Ratskeller", Markt; „Café Resi", Grüner Markt; außerdem in den Hotels „Elephant" („Elephantenkeller" mit Thüringer Spezialitäten), „International", „Einheit".

AUSFLÜGE

Von Weimar aus lohnen sich Ausflugsfahrten nach *Erfurt* (21 km; s. S. 48), *Gotha* (44 km; s. S. 47) sowie in den

Thüringer Wald (50–86 km). Inmitten ausgedehnter Laub- und Nadelwälder, an Berghängen und eingebettet in weite Bergwiesen befinden sich zahlreiche Kurorte in einer Höhenlage von 500 bis 900 m. Zu den schönsten Wanderwegen zählt der *Rennsteig* am Kamm des Thüringer Waldes, an dem die Urlaubsorte *Frauenwald* (800 m), *Gehlberg* (700 m), *Goldlauter* (600 m), *Ilmenau* (500 m), *Lauscha* (650 m), *Masserberg* (830 m), *Neuhaus* (835 m), *Oberhof* (810–900 m), *Schmiedefeld* (750–940 m), der Kneipp-Kurort *Stützerbach* (600–700 m) und *Zella-Mehlis* (459–600 m) liegen. Andere Urlaubszentren sind *Friedrichroda*, *Tabarz* und *Finsterbergen*, südwestlich von *Gotha* (s. S. 47). Auch gibt es hier zahlreiche Burgen, Schlösser und andere Sehenswürdigkeiten wie z. B. die *Marienglashöhle* bei *Friedrichroda*. Das *Schloß Reinhardsbrunn* (1827–1835) bei Friedrichroda wird als Hotel genutzt.

Rudolstadt, 37 km. Wahrzeichen dieser schönen alten Stadt ist das *Barockschloß Heidecksburg* (18. Jh.) auf den Resten einer alten Burg (14.–16. Jh.). Es besitzt prachtvolle Rokoko-Säle mit reichen Stuckdekorationen, Wand- und Deckengemälden. Das Schloß ist als *Museum* zugänglich. Sehenswert sind u. a. die Gemäldegalerie, die historische Waffensammlung „Schwarzburger Zeughaus", die sakralen Plastiken aus dem 14. und 15. Jh., die Porzellansammlung, ur- und frühgeschichtliche Funde, die naturkundlichen Sammlungen.

In Rudolstadt besichtige man ferner das *Volkskundemuseum* „Thüringer Bauernhäuser", das spätgotische *Alte Rathaus* (1784 barock umgebaut), die *Stadtkirche* (17. Jh.) und die vielen alten *Bürgerhäuser*. Das *Barockschloß Ludwigsburg* beherbergt eine Volkskunstschule.

Paulinzella (17 km westlich von Rudolstadt). Sehenswert ist die Ruine der dreischiffigen romanischen **Säulenbasilika** aus dem 12. Jahrhundert. Im ehemaligen *Renaissanceschloß* (17. Jh.) ist heute ein Kinderheim untergebracht. Der „Alte Zinsboden" des ehemaligen *Benediktinerklosters* hat einen romanischen Unterbau (12. Jh.) mit einem Fachwerkaufsatz aus dem Spätmittelalter; Museum.

Saalfeld, 50 km. In der bereits 899 urkundlich als Curia Salauelda genannten Stadt stand an der Stelle des heutigen Schlosses (bis 1918 Residenz der Herzöge von Sachsen-Saalfeld und Sachsen-Meiningen) ein karolingischer Königshof. Wegen seiner prächtigen Baudenkmäler trägt Saalfeld den Beinamen „Steinerne Chronik Thüringens".

Man besichtige die *Burgruine Hoher Schwarm* aus dem 13. und 14. Jahrhundert (einst Sitz der Vögte von Saalfeld), die mächtigen *Stadttore* aus dem 14. und 15. Jahrhundert (Saaltor, Oberes Tor, Blankenburger Tor, Darrtor), das spätgotische *Rathaus* mit Renaissance-Zubauten, die *Alte Hofapotheke* (entstanden im 12. Jh. als Sitz des Stadtvogtes), zahlreiche Renaissancebauten und alte Häuser mit vorgebauten Arkaden, die prächtig ausgestattete *Stadtkirche St. Johannis* (gotisch, 14. und 15. Jh.), die historischen *Gaststätten* „Zum Loch" und „Anker-Schänke" sowie die naturfarbige *Tropfsteinhöhle Feengrotten*.

Von der ehem. Transitstraße vom Grenzübergang *Rudolphstein – Hirschberg* (Anschlußautobahn München–Nürnberg, bzw. Hof) nach *Berlin (West),* nur Autobahn: 275 km, werden die in dieser Route beschriebenen Städte nicht direkt berührt. Sie liegen aber in geringer Entfernung westlich oder östlich der Autobahn. Östlich der ehem. Transit-Autobahn verläuft die Fernverkehrsstraße Nr. 2: Hirschberg – Gera – Leipzig – Bad Düben – Wittenberg – Beelitz – Potsdam – Berlin.

*

Von *Hirschberg* aus führt die Autobahn zwischen dem Thüringer Wald und dem Vogtland durch eine reizvolle Landschaft nach Norden. Von der Abfahrt *Schleiz/ Saaletalsperre,* 17 km, führen Zufahrtsstraßen östlich nach *Schleiz* (spätgotische Pfarrkirche St. Georg und gotische Bergkirche mit reicher Innenausstattung) und westlich ins

Landschaftsschutzgebiet Obere Saale mit dem *Bleiloch-Stausee* (Bleiloch-Talsperre) und Marmorbrüchen. Es gibt dort gute Camping- und Bademöglichkeiten, Ausfluggaststätten und eine Jugendherberge. Sehenswert ist das nahe mittelalterliche *Schloß Burgk* mit Zwinger, Hungerturm, Prunkräumen (u. a. Jagdsaal mit bemalter Renaissancedecke, Kapelle mit Silbermannorgel), *Heimat- und Schloßmuseum.*

Die nächste Autobahnabfahrt führt zur

Schleizer Seenplatte, 30 km. Sie ist gleichfalls ein Landschaftsschutzgebiet mit guten Bademöglichkeiten, Campingplatz und Jugendherberge.

*

Kurz nach *Triptis* (barocke Stadtkirche; 25 m hoher mittelalterlicher Bergfried; Wehrkirche des 13. Jh.), 40 km, gibt es die *Autobahn-Raststätte Rodaborn.*

Es folgt der Autobahn-Knotenpunkt *Hermsdorfer Kreuz,* 57 km, mit Hotel, Raststätte und Tankstellen. Man kreuzt hier die Autobahn Wartha – Erfurt – Jena – Chemnitz – Dresden – Bautzen.

Jena (24 km nordwestlich vom Hermsdorfer Kreuz; 103 000 Einw.) ist durch sein Zeiss-Werk (feinmechanisch-optische Geräte), seine Glasindustrie (Jenaer

Glas) und sein pharmazeutisches Werk Jenapharm bekannt. An der 1558 gegründeten Universität (heute äußerlich von einem 26stöckigen Betonturm geprägt) lehrten u. a. Friedrich Schiller, die Philosophen Hegel und Fichte, der Naturwissenschaftler Ernst Haeckel. Karl Marx promovierte hier (1841).

Sehenswert sind u. a. das *Zeiss-Planetarium,* die *Goethe-* und *Schiller-Gedenkstätten,* das *Ernst-Haeckel-Haus,* die spätgotische *Pfarrkirche St. Michaelis,* die romanisch-gotische *Pfarrkirche St. Johannis,* das spätgotische *Rathaus* (Turmuhr mit Figurenspiel „Schnapphans"), die barocke *Friedenskirche* und das *Optische Museum.*

5 km nordwestlich von Jena liegt *Cospeda.* Die historische Gaststätte „Grüner Baum zur Nachtigall" beherbergt ein Museum für die Schlacht von Jena und Auerstedt am 14. 10. 1806.

Etwa 14 km nördlich von Jena liegt

Dornburg mit seinen drei sehenswerten Schlössern: Im Norden das *Alte Schloß* (jetzt Altersheim) mit romanischen und spätgotischen Bauteilen und „Pfalzgrafenzimmer" mit Wandmalereien aus dem 16. Jh.; das *südliche Schloß* (auch „Goethe-Schloß"; seit 1960 Goethe-Gedenkstätte), ein Renaissancebau von etwa 1539 mit drei „Goethe-Zimmern" (persönliche Einrichtungsgegenstände des Dichters; zwischen den beiden Schlössern das *Rokokoschlößchen* (1735–1747) mit zahlreichen Festräumen und Sälen, deren Rokoko-Stuckdekorationen und Porzellansammlungen sehenswert sind.

Gera (19 km östlich vom Hermsdorfer Kreuz; 131 000 Einw.). Die schon 995 urkundlich erwähnte Stadt besitzt zahlreiche sehenswerte Barockbauten, wie die dreischiffige *Salvatorkirche,* das *Schreibersche Haus* (1688) mit dem *Naturkundemuseum,* das ehemalige „Zucht- und Waisenhaus" mit dem *Museum für Kulturgeschichte* sowie das ehemalige *Regierungsgebäude* (1722). Renaissancebauten sind das *Rathaus* (1573 bis 1576) und die *Stadtapotheke* am Markt. Andere Sehenswürdigkeiten sind die Reste der mittelalterlichen *Stadtbefestigung,* die spätgotische *Trinitatiskirche* sowie im Ortsteil *Untermhaus* die Schloßruine *Osterstein* mit romanischem Bergfried (12. Jh.), die

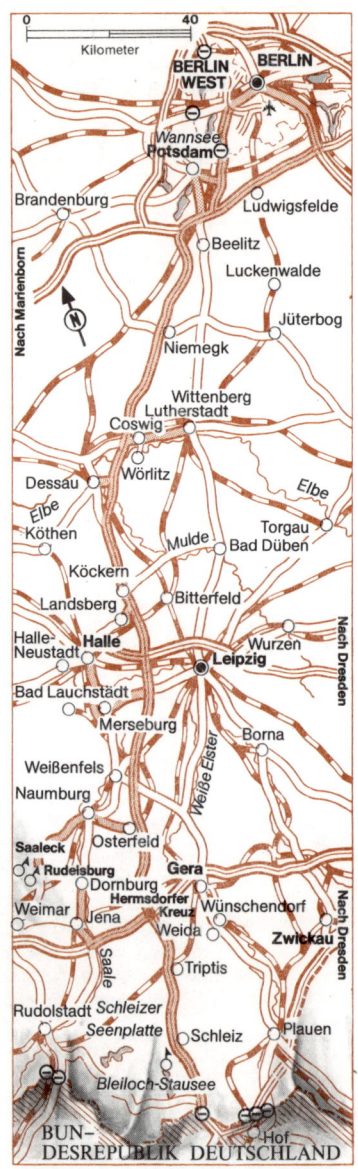

Wünschendorf, Weida, Bad Köstritz und Orte der Umgebung.

„Interhotel Gera", Straße der Republik.

Von Gera aus lohnen sich Ausflugsfahrten nach *Wünschendorf* (12 km), mit prächtiger romanisch-gotischer Veitskirche (wertvolle Innenausstattung) und der ehemaligen Klosterkirche (12. und 13. Jh., im 16. Jh. zum Jagdschloß umgebaut), sowie nach

Weida (14 km). Neben den Resten der alten *Stadtmauer* mit Wehrtürmen sind sehenswert das im Kern romanische *Schloß Osterburg* (12. Jh.) mit spätgotischen Ausbauten (mächtiger Bergfried; Heimatmuseum), die Ruinen der romanischen *Peterskirche* (12. Jh.) und der spätromanisch-gotischen *Widenkirche* (12. Jh.; um 1340 gotische Anbauten), der Renaissancebau des *Rathauses* und die *Stadtkirche* (13.–17. Jh.).

*

Vom *Hermsdorfer Kreuz* führt die Autobahn weiter nach Norden. Lohnend ist die Abfahrt bei *Osterfeld,* 84 km (Tankstelle), in das 15 km westlich liegende

*Naumburg (33 000 Einw.). Die Stadt erhielt 1028 Marktrecht. Sie ist vor allem wegen des frühmittelalterlichen ****Peter- und Paul-Doms* (12./13. Jh.) sehenswert. Die ***Stifterfiguren Uta und Ekkehard* des unbekannten Naumburger Meisters (13. Jh.) sind Kunstwerke von Weltruf; der beachtenswerte Figurenfries am *Westlettner* stammt ebenfalls von dem unbekannten Meister. Die dreischiffige Basilika mit ihren vier Türmen ist im Innern mit zahlreichen wertvollen Kunstwerken (Altäre, Grabdenkmäler) geschmückt.

In der Nähe des Doms gibt es mehrere spätromanische und gotische *Kurien.* Sehenswert sind auch das spätgotische **Rathaus,* die dreischiffige spätgotische Hallenkirche *St. Wenzel,* die spätgotische Pfarrkirche *St. Moritz* sowie die Barockkirchen *St. Marien* und *St. Othmar* und das *Marientor,* ein Teil der ehemaligen Stadtbefestigung.

Lohnend ist ein Abstecher zu den über der Saale liegenden Burgruinen **Rudelsburg* und **Saaleck.*

barocke *Orangerie* (Kunstausstellungen) und die spätgot. *Pfarrkirche St. Marien.*

Leipzig, Berlin, Chemnitz, Dresden, Plauen, Erfurt u. a.

Im Saale- und Unstruttal befindet sich das Weinbauzentrum der DDR.

Bei der Autobahnabfahrt *Merseburg*, 119 km, führt die Straße Nr. 181 in das 12 km östlich liegende

*Leipzig, 131 km (s. S. 24).

*

Auf der westlichen Abfahrt erreicht man nach 24 km

*Merseburg (49 000 Einw.). Heinrich I. (919–936) ließ hier eine mit Steinmauern befestigte königliche Pfalz erbauen. Neben der sächsischen Königspfalz wurde 1015 mit dem Dombau begonnen. Im Dreißigjährigen Krieg wurde die Stadt oft zerstört. Von 1656 bis 1738 war hier die Residenz der Herzöge von Sachsen-Merseburg. 1815 wurde das Herzogtum Preußen angegliedert.

Von der alten *Stadtbefestigung* sind noch große Teile erhalten. Der heutige **Dom* entstand Anfang des 16. Jahrhunderts auf den Resten der früheren romanischen Anlage. Er hat zwei quadratische Westtürme und zwei runde Osttürme (11. Jh.). Zu der besonders reichen und kostbaren Innenausstattung zählen Sakramentshäuschen, Kanzel, Chorgestühl (alle 15./16. Jh.), geschnitzten und gemalten spätgotischen Flügelaltäre, der barocke Hochaltar (1668), der romanische Taufstein (1150) sowie viele Grabdenkmäler (11. bis 16. Jh.) und die Heiligenfiguren.

Das *Domstiftsarchiv* beherbergt wertvolle mittelalterliche Handschriften, u. a. das „Fränkische Taufgelöbnis" (9. Jh.), die *„Merseburger Zaubersprüche" (10. Jh.)

Stifterfiguren Uta und Ekkehard im Naumburger Dom

und eine reich bebilderte Bibelhandschrift (um 1200).

Aus dem 15. bis 17. Jahrhundert stammt das **Schloß* (jetzt Verwaltungsgebäude). Es beherbergt im Ostflügel das *Kreismuseum* mit ur- und frühgeschichtlichen Funden und mit Gegenständen zur Stadtgeschichte. Sehr schön ist der Schloßgarten mit der Orangerie.

Andere Sehenswürdigkeiten sind das *Alte Rathaus* (15./16. Jh.), der *Staupenbrunnen* (1545), die spätgotische *St. Maximi-Kirche,* das romanische Gewölbe (12. Jh.) im ehemaligen *Peterskloster,* die Barockbauten *Obere Wasserkunst* und *Versunkenes Schlößchen* und das ebenfalls barocke *Zech-Palais* sowie der *Gotthardteich* mit Lenindenkmal.

Man kann auf der Straße Nr. 91 in das 15 km nördlich liegende *Halle* fahren. Auf der Autobahn folgt rechts der *Flughafen Leipzig-Schkeuditz.* Die rechte Abzweigung führt nach *Leipzig,* die linke führt nach

*Halle (236 000 Einw.). Die Stadt ist ein wichtiger Standort der DDR-Industrie (v. a. für chemische Erzeugnisse, Maschinenbau, Bergbau, Waggonbau) an der Saale und war einst das Zentrum der Salzgewinnung in Deutschland. Der Komponist Georg Friedrich Händel wurde 1685 hier geboren. Wegen der intensiven Pflege seiner Musik (u. a. mit Händel-Festtagen) nennt man Halle gerne die „Händel-Stadt".

Der Tourist findet in dieser alten Universitätsstadt eine Vielzahl sehenswerter Bauten und Denkmäler, so die spätgotische **Marktkirche St. Marien,* die zwischen den erhalten gebliebenen Türmen zweier 1529 abgebrochener romanischer Kirchen errichtet wurde, und die spätgotische Pfarrkirche **St. Ulrich* (sie dient seit 1976 als Konzertsaal), das **Geburtshaus Händels* mit einer Sammlung von über 500 Musikinstrumenten aus fünf Jahrhunderten, die mittelalterliche Richtstätte *Roter Turm,* die von tiefen Gräben umzogene **Moritzburg* (15.–16. Jh.) mit der *Staatlichen Galerie* (Malerei und Graphik vom 16. bis zur Gegenwart), den aus der frühgotischen Dominikaner-Klosterkirche hervorgegangenen *Dom,* das *Halloren-Museum* mit einer kostbaren Sammlung silberner Becher und Pokale („Schatz der Halloren"; bedeutendster Innungsschatz der DDR), die *Burgruine Griebichenstein* (10. Jh.) auf einem Granitfelsen über der Saale und die *Peißnitz-Insel* (Schiffsanlegestelle für Saalefahrten).

🚂 Leipzig, Naumburg, Eisleben, Dessau, Berlin u. a.

🚍 Leipzig, Merseburg, Eisleben, Wettin, Landsberg, Bad Lauchstädt u. a.

🏠 „Interhotel Stadt Halle", Thälmannplatz.

Etwa 11 km östlich von Halle liegt die sehenswerte kleine Stadt *Landsberg*, mit spätromanischer, dreischiffiger Doppelkapelle (12.–14. Jh.) und spätromanischer Pfarrkirche.

Bad Lauchstädt war die ehemalige Sommerresidenz der Herzöge von Sachsen und Merseburg. 1802 ließ Goethe hier ein *Theater* errichten. Es ist einer der wenigen in dieser Art erhaltenen klassizistischen Theaterbauten Deutschlands.

Die *Kuranlagen* des Bades entstanden Mitte des 18. Jahrhunderts. Sehenswert ist auch das aus einer Wasserburg entstandene *Schloß*.

*

Wenn man auf der Autobahn weiterfährt, gelangt man am Rasthaus *Köckern* (mit Tankstelle), 151 km, vorbei zur Abfahrt *Bitterfeld*.

Die Straße Nr. 183 führt von hier in östlicher Richtung in die *Dübener Heide*. *Bad Düben* ist ein Kurort (Eisenmoorbad). In der Stadt gibt es eine Burg mit Landschaftsmuseum und die letzte in der DDR erhaltene Schiffsmühle.

*

Von der Autobahn-Abfahrt *Dessau*, 175 km, lohnt sich der Abstecher in das nur 5 km westlich gelegene

Dessau (104 000 Einw.). Die Stadt war seit 1341 Fürstenresidenz; 1603 bis 1863 Hauptstadt des Fürstentums Anhalt-Dessau, dann bis 1918 Residenz der Herzogtums Anhalt. Der alte Stadtkern wurde bei Bombenangriffen 1945 völlig zerstört. Vor der Ruine der Marienkirche steht das *Denkmal des Fürsten Leopold von Anhalt-Dessau*, des „Alten Dessauers". Von den erhaltenen Bauten sind sehenswert der Neurenaissanceturm (1901) des *Rathauses* und der Turm des *Museums für Naturkunde und Vorgeschichte*.

Interessant ist der Besuch des ehemaligen *Bauhauses* (mit Bauhaus-Museum), einer Anlage von Walter Gropius (1925 bis 1926). Im ehemaligen klassizistischen *Schloß Georgium* ist die *Staatliche Galerie* mit bedeutenden Kunstschätzen untergebracht; u. a. gibt es hier Gemälde von Massys, Baldung-Grien, Cranach, Rubens, Hals, van Ostade.

Wieder auf der Autobahn, überquert man nun die Elbe und gelangt bei *Klieken*, 185 km, zur Abfahrt nach *Coswig* (Renaissanceschloß). Nur etwa 9 km von der Autobahnabfahrt entfernt liegt der

**Wörlitzer Landschaftspark. Der erste große deutsche Landschaftspark (112 Hektar) entstand hier Ende des 18. Jahrhunderts. Er gruppiert sich um den *Wörlitzer See*, einen toten Elbe-Arm, und wird im Norden durch den Elbwall begrenzt. Im Park gibt es zahlreiche interessante Bauten, wie den *Englischen Sitz* (1765), den *Sommersaal* (1771), den *Vestatempel* (1789), den künstlichen Vulkan *Stein* mit der *Villa Hamilton*, einem *Amphitheater* und einer *Neptunsgrotte* (1793), das kuppelgekrönte *Pantheon* (1796) mit antiken Statuen, sowie zahlreiche kleine Pavillons und Tempelbauten.

Am Seeufer steht das *Wörlitzer Schloß*, das 1768 bis 1773 von Erdmannsdorff in frühklassizistischem Stil erbaut wurde. Es beherbergt zahlreiche antike *Plastiken* („Wörlitzer Antiken") und Nachbildungen berühmter antiker Statuen (u. a. des „Apollo von Belvedere"), sowie eine *Gemäldegalerie* mit Werken italienischer, niederländischer, französischer und deutscher Maler des 17. und 18. Jahrhunderts (u. a. Canaletto, Rubens, Ruysdael, Wouwerman).

Auf der anderen Seite des Sees steht das *Gotische Haus*, dessen Gartenfassade im Stil der englischen Tudorgotik und dessen Kanalfront nach der Kirche Madonna dell' Orto in Venedig gestaltet wurde. Im Inneren Kunstsammlungen (Gemälde, Kupferstiche). Die Straße 187 führt nach

**Wittenberg Lutherstadt (14 km östlich der Autobahnabfahrt; 54 000 Einw.). Die Stadt liegt am Nordufer der Elbe und war lange Zeit die Residenz der sächsischen Kurfürsten aus dem Hause Wettin. 1502 wurde hier die erste landesfürstliche deutsche Universität gegründet.

> 1512 erhielt Martin Luther hier einen Lehrstuhl. 1517 schlug Luther seine berühmten 95 Thesen an das Tor der Schloßkirche. 1518 ließ sich Philipp Melanchthon in Wittenberg nieder. 1520 wurde die Päpstliche Bulle mit der Androhung des Bannes vor dem Elstortor verbrannt.

In späteren Jahrhunderten erlitt die Stadt in den Kämpfen gegen die Preußen und gegen die Franzosen großen Schaden. Heute ist Wittenberg auch Industriestadt

(Stickstoffwerk, Gummiverarbeitung).

Im ehemaligen *Residenzschloß* (15./16. Jh.) sind das *Natur- und Völkerkunde-Museum* und das *stadtgeschichtliche Museum* untergebracht. In der *Schloßkirche (1883–1892 erneuert) sind Luther und Melanchthon begraben.

In der *Collegienstraße* liegen das *Augusteum*, das 1564 bis 1582 als Universitätsgebäude erbaut und im 18. Jahrhundert spätbarock erneuert wurde, mit dem **Lutherhaus* (heute *Reformationsgeschichtliches Museum*) und das **Melanchthonhaus* (Museum) mit dem Arbeits- und Sterbezimmer des berühmten Humanisten und Theologen. Am *Markt* sind das *Renaissance-Rathaus*, die *Denkmäler* von *Luther* und *Melanchthon*, die gotische *Stadtkirche St. Marien* (13.–15. Jh., die Predigtkirche Luthers) mit dem *Reformationsaltar* von Lucas Cranach d.Ä. und der *Marktbrunnen* sehenswert.

Wenn man von der *Collegienstraße* durch die Bahnunterführung zum Elbufer geht, stößt man in der *Dresdner Straße* auf den *Alten Friedhof* mit zahlreichen Grabdenkmälern aus der Renaissance, dem Barock und dem Klassizismus. Gegenüber liegt der 1602 gegründete Neue Friedhof mit bemerkenswertem Portal und Gräbern aus dem 18. Jahrhundert.

*

Bei der Autobahnabfahrt *Niemegk*, 217 km, gibt es wieder ein Rasthaus und Tankstellen. Über *Beelitz*, 237 km, gelangt man zur Autobahnteilung *Berliner Ring*, 245 km. Links fährt man über Brandenburg und Magdeburg zur Grenze *Marienborn/Helmstedt* (s. Route 3), rechts („Berliner Ring") entweder am Ostrand von Potsdam vorbei nach *Berlin (West)* oder östlich weiter zur Abzweigung nach *Berlin-Schönefeld* und *Berlin-Mitte*.

*

Man biegt rechts ab und kommt zur Autobahnabfahrt *Michendorf*, 257 km. Auf der Straße Nr. 2 erreicht man kurz darauf

Potsdam, 267 km (130 000 Einw.). Die Bezirksstadt, am Mittellauf der Havel und in reizvoller Wald-Seen-Landschaft gelegen, wurde 933 gegründet und war seit dem 12. Jahrhundert Sitz markgräflich-brandenburgischer Burgvögte; unter König Friedrich Wilhelm I. von Preußen wurde sie Garnisonsstadt. Im Krieg stark zerstört, zählt die Stadt heute zu den meistbesuchten Touristenzentren der DDR.

Hervorzuheben sind vor allem **Park* und **Schloß Sanssouci*, das in der Blütezeit des Rokoko unter der Leitung von Knobelsdorff als Sommerresidenz für Friedrich II. ab 1745 entstanden ist.

In den gepflegten Gartenanlagen besichtige man auch die *Neuen Kammern* (1771–1774), die *Bildergalerie* (1755 bis 1763), das *Chinesische Teehaus* (1754 bis 1756), das *Neue Palais* (1763–1769) mit etwa 400 Räumen, das klassizistische *Schloß Charlottenhof* (1826–1828) u. v. a. In vielem erinnert die Anlage an das französische Versailles.

Bedeutend ist auch das *Schloß Cecilienhof*, das 1913 bis 1917 im Neuen Garten als Jagdschloß im englischen Stil erbaut wurde. 1945 wurde hier von den Staatsoberhäuptern Großbritanniens, der USA und der Sowjetunion das „Potsdamer Abkommen" unterzeichnet. Heute sind im Schloß eine *Gedenkstätte* und ein Hotel untergebracht.

Im *Neuen Garten* befindet sich auch das *Marmorpalais* (1787–1791) mit dem *Armeemuseum der DDR*.

Zu den Sehenswürdigkeiten im Stadtzentrum von Potsdam zählen das *Brandenburger Tor*, ein Triumphtor aus dem Jahre 1770, das *Nauener Tor*, die *Kirche St. Peter und Paul* mit einem Glockenturm nach dem Vorbild von San Zeno in Verona, die klassizistische *Nikolaikirche*, das barocke ehemalige *Rathaus* (1753–1755) sowie das *Knobelsdorffhaus* (1750) – beide seit ihrem Wiederaufbau Kulturhaus „Hans Marchwitza" –, das *Filmmuseum der DDR*, das *Potsdam-Museum* und das *Holländische Viertel* mit schönen Backsteinhäusern aus der Mitte des 18. Jahrhunderts (besonders gut erhalten in der *Mittelstraße*). Lohnend ist auch ein Besuch der russischen Siedlung *Alexandrowka* mit einer russisch-orthodoxen Kirche auf dem Kapellenberg.

*

Wenn man nach Berlin-Mitte will, läßt man die Abzweigungen nach Potsdam und nach Berlin (West) (275 km) rechts liegen und fährt über *Ludwigsfelde*, 277 km, weiter zum *Schönefelder Kreuz* (293 m) nach *Berlin-Schönefeld* (306 km), dem Flughafen am Südrand der DDR-Hauptstadt. Durch die Stadtteile *Adlershof*, *Schöneweide* und *Treptow* erreicht man dann das Stadtzentrum von **Berlin**, 320 km (siehe Seite 14).

Diese Route beginnt am ehem. Grenzübergang *Herleshausen/Wartha* und führt quer durch den südlichen Teil der DDR. Er ist vor allem für die von Frankfurt/Main, Kassel usw. anreisenden Touristen von Interesse, die zu den thüringischen Kunststädten Eisenach, Erfurt, Weimar usw. gelangen oder auf der Autobahn direkt nach Leipzig, Dresden, Berlin usw. fahren wollen.

Von *Wartha* aus fährt man 13 km, ehe man die Autobahn erreicht bei

Eisenach (50 000 Einw.). Die Stadt ist als „Lutherstadt", „Bachstadt" und seit Jahren auch als Produktionsstätte des Kraftfahrzeugs „Wartburg" (ab 1990 auch Opel) bekannt. Auch Elektrotechnik und andere Zweige der Industrie sind hier vertreten. 1967 feierte Eisenach drei große Jubiläen: das 900jährige Bestehen der Wartburg, die 450-Jahr-Feier der Reformation und den 150. Jahrestag des Treffens deutscher Studenten und Professoren auf der Wartburg.

Von 1572 bis 1741 war hier, von kurzen Unterbrechungen abgesehen, die Residenz des Herzogtums Sachsen-Eisenach. Im *Schloß* ist heute das *Thüringer Museum* untergebracht; es enthält zahlreiche Gemälde deutscher Meister, eine umfangreiche Sammlung Thüringer Porzellans und Gläser aus thüringischen Glashütten vom Mittelalter bis zur Gegenwart.

Wahrzeichen von Eisenach ist die auf Ausläufern des Thüringer Waldes weithin sichtbare

Wartburg

***Wartburg,* eine der bekanntesten deutschen Burgen. Der Sage nach um 1067 gegründet, war sie Ende des 12. und Anfang des 13. Jahrhunderts der prächtigste Fürstensitz und ein kultureller Mittelpunkt dieser Zeit. Ältester Teil ist der spätromanische Palast. Die Burganlage wurde 1838–1890 wiederhergestellt und 1952–1967 umfassend restauriert.

Die berühmten Dichter der Zeit, der Lyriker Walther von der Vogelweide und der Epiker Wolfram von Eschenbach, weilten hier auf dem Sitz des Thüringer Landgrafen. Richard Wagner machte den „Sängerkrieg auf der Wartburg" unsterblich. Der Freskenzyklus (1855), der in der Galerie der Wartburg den Sängerkrieg und die Elisabeth-Legende schildert, stammt von dem Maler Moritz von Schwind.

In den Jahren 1521 und 1522 übersetzte hier Martin Luther, der sich auf der Wartburg vor den kaiserlichen Häschern versteckt hielt, das Neue Testament ins Deutsche. Mit dieser Übertragung schuf er eine über den damaligen Mundarten stehende, allgemein verständliche Schriftsprache. Die „Lutherstube" in der Vogtei ist noch erhalten.

Zu den *Kunstsammlungen* der Burg zählen Gegenstände des mittelalterlichen Kunsthandwerks, Kunstgegenstände aus der Renaissance und dem Barock, Stilmöbel vom 13. bis zum 18. Jahrhundert, gotische Figuren, deutsche Malereien aus dem 16. Jahrhundert (u. a. von Lukas Cranach), Gegenstände und Drucke aus der Reformationsgeschichte, Flugschriften Luthers u. v. a.

Am und in unmittelbarer Umgebung des *Marktplatzes* von Eisenach stehen das *Barockschloß* (1742–1751), das *Alte Rathaus* (16. und 17. Jh.), die spätgotische Pfarrkirche *St. Georg* (1185) mit Grabsteinen und Grabplatten früherer Landgrafen, einer spätgotischen und einer barocken Kreuzigungsgruppe, der *Marktbrunnen* „St. Georg im Kampf mit dem Drachen" (1549), das spätgotische *Residenzhaus* mit einem schönen Renaissanceportal, das *Lutherhaus* mit dem

„Deutschen Evangelischen Pfarrhausar-chiv", die frühgotische *Predigerkirche* mit spätgotischem Kreuzgang (um 1500) und Skulpturensammlung („Sakrale Plastik des Mittelalters") des Thüringer Mu-seums, die barocke *Kreuzkirche* (1692 bis 1697) sowie das *Bachhaus* (Frauenplan 21) mit umfangreicher Bach-Sammlung (Johann Sebastian Bach wurde 1685 in Eisenach geboren).

Am Beginn der *Bahnhofstraße* steht das *Lutherdenkmal* (1895). Gegenüber erhebt sich die dreischiffige romanische *Nikolai-Kirche* mit dem spätromanischen *Nikolai-tor* (Rest der Stadtbefestigung aus der Zeit um 1200), dem ältesten erhaltenen Stadttor von Thüringen.

Auf dem Weg zur Wartburg liegt am Reu-terweg 2 das *Reuterhaus* mit den Wohn-räumen des Dichters Fritz Reuter (gestor-ben 1874) und einer umfangreichen Ri-chard-Wagner-Sammlung.

Eine Gedenkstätte anderer Art ist August Bebel und Wilhelm Liebknecht gewid-met, die 1869 im Gasthaus „Zum Goldenen Löwen" die Sozialdemokratische Arbei-terpartei gründeten. Im renovierten Gast-haus „Zum Löwen" in der Marienstraße entstand 1967 die Gedenkstätte „Eisen-acher Parteitag".

*

Von Eisenach aus lohnen sich Ausflugs-fahrten in den *Thüringer Wald.* Sehens-wert ist der 34 km südlich liegende Ort

Schmalkalden (17 000 Einw.). Im 16. Jahrhundert war hier der Tagungsort der evangelischen Stände, die 1531 hier den „Schmalkaldischen Bund" schlossen.

Die Stadt ist von einem mittelalterlichen *Mauerring* umgeben. Sehenswert sind fer-ner das *Renaissanceschloß Wilhelmsburg* (1585–1589), die spätgotische Stadtkirche *St. Georg* und zahlreiche Häuser im spät-gotischen Renaissance- und im Barock-stil.

*

Man fährt von Eisenach auf der Auto-bahn weiter bis zur Abfahrt nach

Waltershausen (14 000 Einw.), mit dem schönen *Renaissanceschloß Tenneberg* (15./17. Jh., jetzt Heimatmuseum) und dem *Nikolaustor.* – Sehenswert ist auch die große barocke *Gotteshilfkirche* (1719 bis 1723) mit spätgotischem Turm.

Von der Autobahnabfahrt *Gotha,* 45 km, sind es noch 6 km auf der Straße 247 nach

*Gotha (58 000 Einw.). Die bereits 775 ge-nannte Stadt war von 1640 bis 1918 Resi-denzstadt, zuletzt von Sachsen-Coburg-Gotha. Wichtigste Sehenswürdigkeit ist das frühbarocke ****Schloß Friedenstein** (1643–1654) mit prächtiger Barock- und Rokokoausstattung. Das **Schloßtheater* ist das einzige vollständig erhaltene Ba-rocktheater Deutschlands, Wirkungsstät-te von Conrad Ekhof (1720 bis 1778), dem „Vater der realistischen deutschen Schau-spielkunst". In der Gruft der *Schloßkirche* sieht man Prunksärge der gothaischen Herzöge. Das **Schloßmuseum* (mit einer der größten Kunstsammlungen der DDR; Führungen) enthält eine reichhal-tige Gemäldegalerie, etwa 30 000 Kupfer-stiche, eine bedeutende Sammlung anti-ker griechischer Vasen, eine China-Sammlung und eine der wertvollsten Münzsammlungen (über 100 000 Stück) Deutschlands.

Außerdem beherbergt das Schloß das *Museum für Regionalgeschichte und Volkskunde* (alte Trachten, Waffen), ur- und frühgeschichtliche Funde u. a. sowie die *Forschungsbibliothek* mit 500 000 Bän-den und 10 000 alten Handschriften (be-deutendste Handschriftensammlung der DDR).

*

Auch von Gotha aus kann man schöne Ausflugsfahrten in den Thüringer Wald unternehmen. So erreicht man z. B. auf der Straße 247 nach etwa 30 km den auf dem Gebirgskamm liegenden bedeuten-den Erholungs- und Wintersportort

Oberhof (3000 Einw.) mit zahlreichen Fe-rienheimen und Sportanlagen.
⌂ „Interhotel Panorama".

Nach 15 km folgt die Bezirksstadt

Suhl (54 000 Einw.), die als „Stadt der Büchsenmacher" bekannt ist. Schon im 16. und 17. Jahrhundert wurden die Suh-ler Handfeuerwaffen in alle Länder Euro-pas verkauft und errangen Weltruf. Auf dem ehem. Marktplatz, jetzt Karl-Marx-Platz, steht ein *Waffenschmieddenkmal.* Im ehem. *Malzhaus* (schöner Fachwerk-bau) ist ein sehenswertes **Waffenmuseum* untergebracht. In Suhl werden auch Kleinkrafträder produziert.
⌂ „Interhotel Thüringen-Tourist".

Kurz nach Gotha durchzieht die Auto-bahn das Landschaftsschutzgebiet *Drei Gleichen* (Autobahnabfahrt *Wandersle-ben,* 54 km) mit den „Drei Gleichen" (2 Burgruinen, 1 Burg, 9.–13. Jh.).

Von der folgenden Autobahnabfahrt *Arnstadt,* 62 km, erreicht man nach 7 km

*Arnstadt (30 000 Einw.). Die älteste Stadt der DDR wurde 704 erstmals urkundlich erwähnt. – Sehenswerte *Liebfrauenkirche* im Übergangsstil von der Romanik zur Gotik. Zu der kostbaren Ausstattung zählen u. a. ein spätgotischer Flügelaltar (1498), eine Marienstatue (1415) und Adelsgräber aus dem 14. Jahrhundert. In der barocken *Bachkirche* wirkte 1703–1707 Johann Sebastian Bach als Organist. Im barocken *Neuen Palais* (1732) ist das *Schloß- und Heimatmuseum* untergebracht, in dem sich u. a. die **Puppensammlung Mon Plaisir* befindet (84 Puppenstuben mit über 400 Puppen).

Von der Autobahnabfahrt *Erfurt-West,* 68 km, kommt man nach 9 km nach

**Erfurt (220 000 Einw.). Die 742 gegründete Stadt war Ort einer karolingischen Pfalz und im Mittelalter ein Großhandelsplatz im Osten des fränkischen Reiches. 1392 wurde die Universität gegründet. Damals zählte Erfurt zu den größten Städten Mitteleuropas; heute ist es ein Industriezentrum (Stahlbau, Mikroelektronik, Maschinenbau, Starkstromanlagen, Büromaschinen, Bekleidung und Schuhe) mit zahlreichen Ausbildungsstätten sowie eine Kongreß- und Gartenbaustadt.

Auf dem *Domhügel* erheben sich der Dom und die Severi-Kirche. Man erreicht sie auf einer Freitreppe vom *Domplatz* aus. Der ursprünglich spätromanische ***Dom* (1154) wurde später in gotischem Stil erneuert. Berühmt sind die spätgotischen Glasfenster des Chors mit einem bunten Gemäldezyklus (1370 bis 1420). Das *Innere* des Doms ist reich mit Kunstwerken aus der romanischen, gotischen und Barock-Zeit ausgestattet. Der *Domschatz* besitzt bedeutende Kunstwerke aus dem frühen Mittelalter.

Die benachbarte fünfschiffige **Severi-Kirche* gilt als schönste deutsche Hallenkirche. Sie wurde im 13. und 14. Jahrhun-

dert über einem älteren Bau aus dem 12. Jahrhundert im frühgotischen Stil erbaut. Auch diese Kirche ist mit sehr wertvollen Kunstwerken geschmückt. Auf dem nahen *Petersberg* erhebt sich die gut erhaltene *Zitadelle* aus dem 17. bis 19. Jahrhundert mit wuchtigen Bastionen. Hier steht auch die Ruine der früheren Klosterkirche *St. Peter* (12. Jh.).

Zu den vielen anderen Sehenswürdigkeiten der Stadt zählen die mit 33 Häusern im Barock- und Renaissancestil bebaute **Krämerbrücke* aus dem Jahre 1325 (einziger erhaltener Brückenbau dieser Art nördlich der Alpen), die *Statthalterei,* der *Pack- und Waagehof,* die Patrizierhäuser aus dem 15. und 16. Jh., vor allem das Haus *„Zur Engelsburg",* das Anfang des 16. Jahrhunderts eine bedeutende Wirkungsstätte der Humanisten war, und die restaurierten Häuser an *Fischmarkt, Domplatz* und *Marktstraße.*

Südwestlich vom Domhügel liegt die *Cyriaksburg* mit der *iga (ständige „Internat. Gartenbauausstellung").

✈ Flugplatz Erfurt-Bindersleben, 7 km vom Stadtzentrum. Nur Charterflüge.

🚌 Gotha, Arnstadt, Ilmenau, Weimar.

🚆 Weimar, Leipzig, Berlin, Gera, Gotha, Oberhof, Suhl u. a.

🏨 „Interhotel Erfurter Hof", Am Bahnhofstorplatz 1–2; „IH Kosmos", Juri-Gagarin-Ring.

60 km nördlich von Erfurt (Fernverkehrsstraßen 4, 85 und 86) liegt

Bad Frankenhausen (10 000 Einw.). 1525 unterlagen hier die aufständischen Bauern unter Führung von Thomas Müntzer den Fürsten. So findet neben dem *Schloß* (16. Jh.) v. a. das **Panorama* am Schlachtberg nördlich von Bad Frankenhausen das Interesse der Besucher, ein Rundbau, in dem der Leipziger Maler Prof. Werner Tübke auf einer Flä-

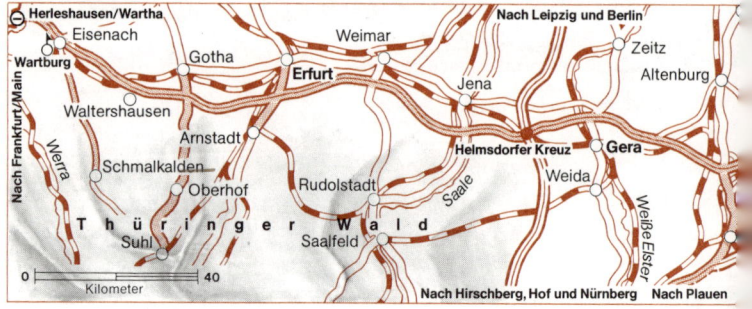

che von 14 m Höhe und 123 m Länge das Wandgemälde „Panorama Bad Frankenhausen" schuf.

Die Autobahn führt von Erfurt aus weiter über ***Weimar, 69 km, s. S. 36, nach Jena, 114 km, s. S. 41. Hier lohnt sich ein Abstecher in das nur 8 km südlich liegende Kahla (Zentrum der Porzellanindustrie), wo gut erhaltene Stadtmauern, die spätgotische Kirche St. Margareten und die Leuchtenburg sehenswert sind.

Man fährt weiter über Gera, 149 km (s. S. 41; Autobahnraststätte und Tankstelle), bis zur Abfahrt Meerane/Zwickau (Raststätte und Tankstelle), 180 km, von wo aus man auf einer Zufahrtsstraße die 13 km entfernte Stadt

Zwickau (123 000 Einw.) erreicht. In der Stadt mit ihrem reich geschmückten gotischen *Dom (St. Marien) und – im Ortsteil Planitz – dem Barockschloß (18. Jh.) sind auch mehrere spätgotische Bauten erhalten, so die Katharinenkirche, das Rathaus und das Gewandhaus (heute Stadttheater). Das *Robert-Schumann-Haus am Hauptmarkt 5, in dem 1810 der Komponist geboren wurde, ist heute Museum.

Die Industrie Zwickaus ist breit gefächert: Maschinenbau, Grubenlampen, Arzneimittel und andere chemische Produkte, Kfz-Bau („Trabant", VW-Polo).

Lohnend ist eine Fahrt in die 18 km südöstlich liegende Bergstadt Schneeberg (*Flügelaltar von Lucas Cranach d.Ä. in der St.-Wolfgang-Kirche), mit bemerkenswerten spätgotischen Bauten aus dem 16. Jh. und dem Museum für bergmännische Volkskunst.

Von Zwickau aus kann man auch auf einer Autobahn weiterfahren nach

Plauen (79 000 Einw., 49 km). Die inmitten des Vogtlandes liegende Stadt ist Sitz bedeutender Industriebetriebe (Werkzeug- und Druckmaschinen, Metallbau). Weltbekannt die „Plauener Spitzen".

Auf einem Hügel östlich der Stadt erhebt sich das wiederaufgebaute Schloß der Vögte (13./14. Jh., Umbauten im 17. Jh.).

Sehenswert sind auch die spätgotische Johanniskirche, das *Alte Rathaus mit bemerkenswertem Renaissancegiebel, das barocke Malzhaus auf den Resten der mittelalterlichen Eversteiner Burg, die barocke Lutherkirche mit prächtigem spätgotischem Flügelaltar (um 1500) und die zahlreichen barocken Bürgerhäuser. – In Syrau, 6 km nordwestlich von Plauen, liegt die sehenswerte Drachenhöhle.

*

Wieder auf der von Gera kommenden Autobahn, fährt man über Glauchau (Schlösser Hinterglauchau und Vorderglauchau, 15. bzw. 16. Jh.; mit wertvollen Kunstsammlungen – Gemälde, Plastiken, Möbel – und einer Kabinetts-Ausstellung zu dem in Glauchau geborenen Arzt Georgius Agricola), weiter nach

Chemnitz (315 000 Einw.), 215 km. Zwischen 1953 und 1990 hieß die Stadt Karl-Marx-Stadt. Sie war schon im 15. und 16. Jh. ein Zentrum der Tuchmacherei und Weberei und ist heute noch der Mittelpunkt der Textilindustrie der DDR. – 1945 wurde der größte Teil der Stadt durch Bombenangriffe zerstört, später sehr modern neu erbaut. Heute ist Chemnitz ein Zentrum für Schwer- und Textilindustrie sowie für Wissenschaft und Technik, zugleich aber auch bekannt als „Tor zum Erzgebirge". Mittelachse des Stadtzentrums ist die Straße der Nationen, in deren Nähe mehrere Sehenswürdigkeiten liegen, z. B. das *Alte Rathaus (Renaissanceportal), das Neue Rathaus (Jugendstil), der *Rote Turm (12. und 15. Jh.), der *Versteinerte Wald, eine Sammlung von über 250 Mill. Jahre alten

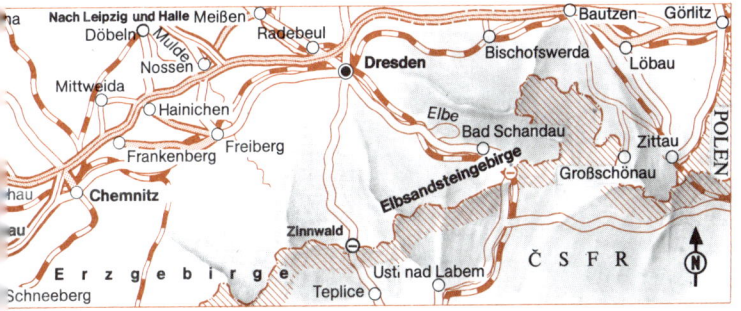

verkieselten Baumstämmen, sowie das *Karl-Marx-Monument* in der Karl-Marx-Allee. Der *Schloßberg* mit der Kirche des Benediktinerklosters und dem *Schloßbergmuseum* überragt die Stadt. Am westlichen Stadtrand erhebt sich die *Burg Rabenstein* (12. Jh.; Burgmuseum).

♨ „Interhotel Moskau", Straße der Nationen; „Interhotel Chemnitzer Hof", Theaterplatz; „Interhotel Kongreß", Karl-Marx-Platz.

Man erreicht die idyllisch gelegenen Urlaubsorte des *Erzgebirges* 30–40 km südlich von Chemnitz. Der Gebirgskamm an der Grenze zur Tschechoslowakei ist stark vom Waldsterben betroffen. – An der Grenze ragt der *Fichtelberg* (1214 m) auf, die höchste Erhebung der DDR. Dort liegt auch der Luftkur- und Wintersportort *Oberwiesenthal* (911 m), die höchstgelegene Stadt der DDR.

*

Von den Autobahnabfahrten *Frankenberg*, 230 km, und *Hainkirchen*, 240 km, führen Zufahrtsstraßen nach der Bergbau- und Hochschulstadt

*Freiberg (51 000 Einw.). Während des gesamten Mittelalters galt Freiberg als reichste sächsische Stadt. Die „Freiberger Kunst" erlebte vom 13. bis zum 16. Jahrhundert eine Blütezeit. Man besuche vor allem den **Dom Unsere Lieben Frauen*, der um 1200 gegründet und im 15. und 16. Jahrhundert umgestaltet wurde. Meisterwerke sind die spätromanische *„Goldene Pforte" (um 1230) mit reichem Figurenschmuck, die Grabanlage der Wettiner, *„Tulpenkanzel" (1510), „Bergmannskanzel" (1638), eine spätromanische Kreuzgruppe (1230), der Apostelzyklus an den Strebepfeilern (um 1500), die *Silbermann-Orgel (1711–1714) u. v. a.

Nördl. des Doms die *Thürmerei*, ein spätgotischer Gebäudekomplex; *Stadt- und Bergbaumuseum*. Freiberg besitzt die älteste *Bergakademie* der Welt (gegr. 1765). Schaubergwerk „Grube Alte Elisabeth".

Restauriert wurden das spätgotische *Rathaus* und die prachtvollen *Bürgerhäuser* am Ober- und Untermarkt. – Die Autobahn führt weiter nach

Nossen, 260 km, mit seinem *Schloß* (16./ 17. Jh., heute Heimatmuseum). Sehenswert ist auch ein *Landschaftspark* mit den Ruinen des spätromanischen Zisterzienserklosters *Zella*. – Von hier erreicht man auf der Straße Nr. 101 nach 20 km

**Meißen (39 000 Einw.) an der Mündung der Triebisch in die Elbe. Die tausendjäh-

rige Stadt ist bekannt durch Porzellanherstellung und Weinbau.

Die älteste ***Porzellanmanufaktur* Europas erwarb sich Weltruf. Seit 1710 wird hier das sogenannte „Weiße Gold" (Meißner Porzellan) mit dem Qualitätszeichen der „Blauen Schwerter" hergestellt. In der Schauwerkstatt kann man handwerkliches Können bewundern. In einer Schauhalle der Manufaktur kann man die Geschichte des Porzellans verfolgen.

Überragt wird Meißen von dem *Burgberg* mit der spätgotischen *Albrechtsburg (sie beherbergt kunstgeschichtliche Sammlungen) und dem frühgotischen *Dom mit zahlreichen kunstvollen Bildwerken des 13. bis 16. Jahrhunderts, mehreren prächtigen Altären (16. Jh.) und alten Grabmälern, u. a. der Tumba Friedrichs des Streitbaren (1464). Sehenswert sind auch der *Kreuzgang* (14./15. Jh.), die spätgotischen *Domherrenhöfe* und das *Bischofsschloß* (1476 bis 1518). Man besichtige auch das mittelalterliche Augustiner-Chorherrenstift *St. Afra*, das ehemalige *Franziskanerkloster* mit spätgotischer Kirche und Stadtmuseum sowie die barocken und Renaissance-Bürgerhäuser und „Freihöfe" und das historische Weinlokal „Vincent Richter". Es folgt

***Dresden, 290 km, s. S. 29. – Kurz hinter Dresden teilt sich die Autobahn. Die nördliche Straße führt nach **Berlin (s. Route 4), die östliche weiter nach

**Bautzen (50 000 Einw.), 350 km, das reizvoll auf einer Hochfläche über dem Spreetal liegt. Die Stadt ist der kulturelle Mittelpunkt des Sorbentums der Oberlausitz. Zu den Sehenswürdigkeiten gehören die spätgotische *Ortenburg*, der *Dom St. Peter (14./15. Jh.; seit 1524 Simultankirche), das barocke *Rathaus* und die mittelalterliche *Stadtbefestigung* mit der **Alten Wasserkunst* (Schöpfwerk). Das *Stadtmuseum* zeigt u. a. sorbische und Oberlausitzer Volkskunst.

Die Autobahn ist hier zu Ende. Die Straße Nr. 6 führt über *Löbau* nach

*Görlitz (79 000 Einw.), 395 km, einer schönen alten Stadt mit mittelalterlichen Renaissance- und Barockbauten. *Untermarkt mit *Rathaus* und *Langen Lauben*; *Kaisertrutz* und *Reichenbacher Turm* mit *Görlitzer Kunstsammlungen*. Görlitz ist Grenzübergang nach Polen und Industriegebiet (Waggon-, Maschinenbau, optische Industrie, Textilverarbeitung).

Diese Route führt aus der Bundesrepublik Deutschland über die Autobahn A 2 zum ehem. Grenzübergang *Helmstedt,* in der DDR *Marienborn.* Diese frühere Transitstraße führt nach *Berlin (West)* (156 km) und über *Frankfurt/Oder* (250 km) nach Polen.

Die erste größere Stadt dieser Route ist

Magdeburg (290 000 Einw.), 48 km, an der Elbe. Die Stadt ist Sitz des größten Schwermaschinenbaus der DDR. Ganze Industrieanlagen werden von hier in viele Länder der Erde exportiert. Von Bedeutung ist auch die Produktion von Großbaggern. In der Stadt sind auch Hoch- und Fachschulen. Zwei Theater, ein Puppentheater und ein Sinfonieorchester tragen zu einem abwechslungsreichen Kulturleben bei. Die Telemann-Festtage (Telemann wurde 1681 in dieser Stadt geboren) haben internationalen Ruf.

Magdeburg ist wichtigster Verkehrsknotenpunkt für den Nord-Süd- und den West-Ost-Verkehr. Der Elbhafen ist der bedeutendste Binnenhafen der DDR. Zwei künstliche Wasserstraßen münden hier in die Elbe und verbinden sie mit Oder, Weser und Rhein.

Schließlich ist die *Magdeburger Börde* auch ein wichtiges Landwirtschaftszentrum der DDR (Weizen, Zuckerrüben, Rinder- und Schweinezucht).

Während des Zweiten Weltkriegs wurde Magdeburg zu 90 % zerstört. Die Stadt wurde modern wiederaufgebaut, die alten Kulturdenkmäler mit großer Fachkenntnis wiederhergestellt.

Der *Dom St. Mauritius und Katharina* wurde 1209 als erster gotischer Dom Deutschlands erbaut. Die Domtürme sind 103 und 105 m hoch. Zahlreiche Figuren im *Innern* stammen von Peter Vischer. Besonders bemerkenswert sind ferner das gotische Chorgestühl (1340), die Kanzel (16. Jh.), Alabasterfiguren des hl. Mauritius und des auferstandenen Christus (1467), Bronzegrabplatten von Erzbischöfen (12. Jh.) und die Marienkapelle mit der Gruppenplastik der „Klugen und törichten Jungfrauen"; außerdem auch ein Kriegerdenkmal von Ernst Barlach (1929).

Nur wenige Schritte vom Dom entfernt liegen das *Kulturhistorische Museum* mit einer bemerkenswerten Technischen Abteilung (u. a. Magdeburger Halbkugeln, 1655) und mit einer bedeutenden Gemäldegalerie und Skulpturensammlung (u. a. der *„Magdeburger Reiter",* das erste freistehende Reiterstandbild in Europa, 1240), weiter die Stiftskirche *St. Sebastian* (romanisch und gotisch) und die Klosterkirche *Unsere Lieben Frauen,* eine romanische Basilika aus dem 11. Jh., die um 1230 gotisch eingewölbt wurde (heute Ausstellungs- und Konzerthalle).

Vor dem barocken *Rathaus* steht ein Abguß des „Magdeburger Reiters".

Der nahe *Adolf-Mittag-See* mit der Marieninsel im Kulturpark *Rotehorn* ist ein beliebtes Erholungszentrum.

🚃 Halberstadt, Wernigerode, Nordhausen, Brandenburg, Berlin (West).

🚌 Barleber See, Haldensleben, Schönebeck; Ausflugfahrten in den Harz.

⛴ Ausflugsfahrten auf der Elbe mit den Schiffen der „Weißen Flotte".

🏨 „Interhotel International", Otto-von-Guericke-Straße.

Halberstadt (48 000 Einw.) ist das Zentrum des nördlichen Harzvorlandes mit beachtlicher Nahrungsmittelindustrie (Halberstädter Fleischwaren) und Maschinenbau. In der alten Residenzstadt besichtige man den *Dom St. Stephanus* (13.–15. Jh.; berühmter **Domschatz),*

Rathaus in Wernigerode

51

dessen Westfassade mit den beiden hohen Türmen zu den bemerkenswertesten Bauten deutscher Gotik gehört, die *Martinikirche* (13. Jh.) und die *Liebfrauenkirche* (12./13. Jh.). Neben dem Dom liegt das *Städtische Museum* mit sakralen Holzplastiken, dem Museum Heineanum (mit mehr als 16 000 Vögeln) und seiner Gemäldegalerie (Niederländer und Romantiker). Sehenswert ist auch das *Gleim-Haus*. Das ehemalige Wohnhaus des Dichters Gleim (1719–1803) enthält eine Handschriftensammlung (Schiller, Lessing, Herder usw.), eine Bibliothek (18. Jh.) sowie Ölgemälde deutscher Dichter und Gelehrter.

*Wernigerode (36 000 Einw.; Stadtrecht seit 1229) ist ein beliebtes Urlaubszentrum. Das **Rathaus* (15./16. Jh.; Abb. S. 51) ist ein sehenswerter Fachwerkbau mit reichem Figurenschmuck. Die zahlreichen mittelalterlichen und farbig verzierten Fachwerkhäuser gaben der Stadt Wernigerode den Beinamen „Bunte Stadt am Harz".

Reich verziert durch Holzschnitzereien ist das *Krummelsche Patrizierhaus* (1674) in der Breiten Straße 72. Die Holzreliefs versuchen, eine Reihe von Kupferstichen plastisch wiederzugeben. Neben den Resten der alten *Stadtbefestigung,* dem *Harzmuseum* und der frühgotischen Basilika *St. Sylvestri* (13. Jh.; im 17. Jh. und 1881 verändert) sind auch die anderen Kirchen der Stadt und das **Schloß* auf dem Agnesberg (heute Feudalmuseum) sehenswert.

Ein beliebter Erholungsort ist auch das 15 km weiter östlich gelegene *Blankenburg,* das von einem Barockschloß überragt wird. Schöne Straßen führen südwärts zur **Hermanns-* und **Baumannshöhle* (Höhlenfestspiele) in Rübeland. In diesen Tropfsteinhöhlen mit kilometerlangen unterirdischen Räumen sind Tausende von Stalagmiten und Stalaktiten. In der Nähe liegt

Thale (17 000 Einw.) mit dem *Harzer Bergtheater,* einer der ersten und bedeutendsten Freilichtbühnen Deutschlands.

Nahe bei Thale findet man die

*Roßtrappe, den am meisten besuchten Felsen im Tal der Bode, zu dem ein Sessellift hinaufführt. Eindrucksvoll ist der Ausblick über die Wälder und das tief eingeschnittene Flußbett. Der sagenumwobene Felsen diente in früherer Zeit als Opferstätte.

Gegenüber liegt der

*Hexentanzplatz, um den sich viele Legenden ranken. Er bildet den lokalen Hintergrund für eine der einprägsamsten Szenen des „Faust" von Johann Wolfgang von Goethe.

Seit 1970 ist das **Bodetal* um eine touristische Attraktion bereichert worden. Eine 750 m lange Schwebebahn bewältigt auf ihrer Fahrt vom Tal zum „Hexentanzplatz" einen Höhenunterschied von 250 m.

Die kleine Rundfahrt beschließen kann man in

**Quedlinburg (29 000 Einw.), einer tausendjährigen Stadt, die durch Blumenzucht und Sämerei-Vertrieb bekannt ist. Die engen, mit winzigen kleinen Fachwerkhäusern gesäumten Gassen aus dem Mittelalter sind erhalten. Mittelpunkt der Stadt ist der **Burgberg* mit der von Heinrich I. im 10. Jahrhundert gegründeten *Burg,* in der nach seinem Tod ein weltliches Damenstift eingerichtet wurde, das 867 Jahre lang bestand. Neben dem Schloß steht die romanische Stiftskirche *St. Servatius* aus dem 12. Jahrhundert. Sie enthält bemerkenswerte Kunstschätze und in der Krypta die Gräber von König Heinrich I., Königin Mathilde und den Äbtissinnen (12. und 13. Jh.).

Am Fuß des Burgberges steht ein prächtiges Patrizierhaus, das **Klopstockhaus* (16. Jh.), in dem 1724 der Dichter Klopstock geboren wurde (heute Museum); in der Nähe die *Lionel-Feininger-Galerie.*

Innerhalb der von einer mittelalterlichen Stadtmauer umgebenen Altstadt sollte

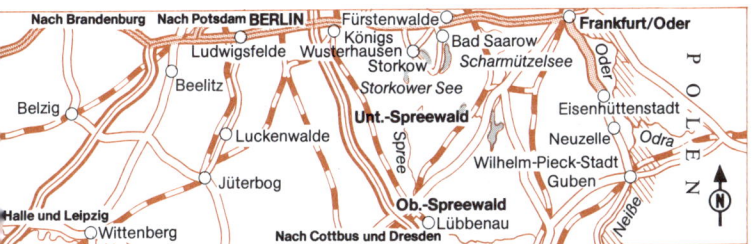

man das *Renaissance-Rathaus, die spät-gotische Marktkirche St. Benedikt, die Pfarrkirchen St. Blasii (barock) und St. Ägidien (spätgotisch, Inneres barock) sowie die alten Bürgerhäuser besichtigen. Das älteste deutsche Fachwerkhaus (14. Jh.) steht in der Wordgasse 3. Lohnend ist ein Spaziergang zur Klosterkirche *St. Wiperti (10. Jh., Krypta von 840).

Wenn man die Zeit dafür hat, lohnt sich die Weiterfahrt in südlicher Richtung über die Rappbodetalsperre (450 m lange und 106 m hohe Staumauer) nach

Stolberg (1800 Einw.), der „Perle des Harzes". Sehenswert sind die malerischen alten Gassen mit Fachwerkhäusern aus der Zeit der Renaissance, das Schloß (heute Erholungsheim), das frühgotische Rittertor, das *Rathaus mit Sonnenuhr und außen angebrachter Treppe (es wurde im 15. Jh. ohne Innentreppe erbaut), das Thomas-Müntzer-Haus (hier wurde um 1490 der Bauernführer geboren; nach Brand von 1851 wiederaufgebaut; Gedenktafel) sowie das Renaissancehaus (1535) in der Th.-Müntzer-Gasse 19 (Heimatmuseum, ehem. Münzwerkstätte).

Von Stolberg ist es nicht weit zur *Barbarossahöhle am Kyffhäuser-Gebirge. Nach der Besichtigung des unterirdischen Gewölbes fährt man hinauf zum 81 m hohen *Kyffhäuser-Denkmal (1890 bis 1896) und zu den Ruinen der Reichsburg Kyffhausen (Reste der romanischen Anlage aus dem 11./12. Jh.). Vom Denkmal Rundblick über Harz und Goldene Aue.

Auf dem Schlachtberg nördlich von Bad Frankenhausen besuche man den *Panorama-Rundbau zur Erinnerung an den Bauernkrieg 1525 mit dem riesigen Wandgemälde von W. Tübke (vgl. S. 48). Rückfahrt nach Magdeburg am besten auf der Straße Nr. 80 über Sangerhausen (romanische Klosterkirche, gotische Kirchen, Spengler-Museum mit Altmammut, Rosengarten mit 6000 Sorten) und

Eisleben (28 000 Einw.). Die tausendjäh-

rige Stadt mit zahlreichen historischen Bauten seit dem 12. Jahrhundert liegt inmitten des ehemaligen Mansfelder Bergbaugebietes. Hier wirkte und starb Martin Luther (1483–1546). Sein *Geburtshaus und sein Sterbehaus sind erhalten und als Museum eingerichtet. Die gotische Marktkirche *St. Andreas besitzt einen wertvollen spätgotischen Flügelaltar aus der Zeit um 1500.

Auf der Straße Nr. 180 nordwärts über Hettstedt (Schloßruine; Heimatmuseum mit Erinnerungen an Novalis) nach

Aschersleben (35 000 Einw.). Gut erhalten ist eine mittelalterliche Stadtmauer mit Zwinger, Graben und 15 Wehrtürmen. In der Altstadt sind zahlreiche spätgotische und Renaissance-Bauten zu sehen. Die spätgotische Hallenkirche St. Stephani (15.–16. Jh.) ist reich ausgestattet mit Gemälden und Flügelaltären aus der Entstehungszeit der Kirche.

Bernburg (41 000 Einw.). Auch diese Stadt umgibt noch eine fast vollständig erhaltene mittelalterliche Stadtmauer. Sehenswert sind das *Renaissanceschloß (Museum) mit mittelalterlichem Bergfried, mehrere gotische Kirchen und schöne Bürgerhäuser aus Spätgotik, Renaissance und Barock.

*

Von Magdeburg führt die Autobahn weiter nach

Ziesar, 87 km. Hier erbauten im 15. Jahrhundert die Bischöfe von Brandenburg ein Schloß, von dem noch der Rundturm der Vorburg, der Bergfried und die spätgotische Schloßkapelle (1470) erhalten sind.

Brandenburg (95 000 Einw.), 103 km. In der an der Havel zwischen Plauer See und Beetz-See gelegenen modernen Industriestadt (Stahl- und Walzwerk, Werft für Binnenschiffe) stehen noch mehrere sehenswerte mittelalterliche Bauten.

3

Um 1165 wurde der romanische *Dom St. Peter und Paul* begonnen, im 13. Jahrhundert fertiggestellt und im 15. Jahrhundert in eine gotische Basilika umgewandelt. Besonders reich geschmückt ist sein Westportal. In der Unterkapelle am Chor wurden früh- und spätgotische Wandmalereien freigelegt. Zu den Kunstwerken im *Innern* zählen Flügelaltäre (15. und 16. Jh.) und zahlreiche mittelalterliche Grabdenkmäler. Das *Domarchiv* bewahrt wertvolle Handschriften, u. a. auch die Stiftungsurkunde von Otto I. (969) und die Gründungsurkunde von Berlin, auf.

Die *Katharinenkirche* wurde im 15. Jahrhundert von H. von Brunsberg erbaut. Von dem älteren Bau aus dem 13. Jh. blieb nur der Südturm erhalten. Bemerkenswert sind die breiten und reich gegliederten Wandvorbauten und Giebel an den Fassaden. In der Kirche sind ein Flügelaltar (15. Jh.) und andere Kunstwerke aus dem 15. bis 17. Jahrhundert zu sehen.

Von der ehemaligen Dominikanerkirche *St. Pauli* (um 1300) sind nur noch Ruinen und ein Kreuzgang vorhanden. Andere Sehenswürdigkeiten sind das um 1480 aus Backsteinen erbaute spätgotische *Rathaus* mit dem über 5 m großen *Roland* (1474 geschaffen; gilt als älteste Rolandfigur der DDR; eine Kopie davon steht am Märkischen Museum in Berlin), mehrere romanische und gotische Kirchenbauten (zum Teil Ruinen) aus dem 12. bis 15. Jahrhundert und die Tortürme (14. und 15. Jh.) der ehemaligen Altstadt.

Lohnend ist eine Rundfahrt auf den Havelseen.

Von der Autobahnabfahrt *Lehnin,* 116 km, gelangt man nach 3 km nach

Lehnin, mit der romanisch-gotischen *Klosterkirche* aus dem 12. Jahrhundert, die als eines der ältesten Beispiele norddeutscher Backsteinarchitektur gilt. Sie birgt einen spätgotischen Flügelaltar (15. Jh.), das Grabmal des Markgrafen Otto IV. (1303) und andere mittelalterliche Kunstwerke. Sehenswert sind die *Klostergebäude,* vor allem das spätgotische *Königshaus* (ehem. Abtshaus; 15. Jh.).

Kurz darauf gehen mehrere Abzweigungen von der Autobahn ab (zu den Havelseen, nach *Leipzig, **Potsdam und Berlin-West).

Auf dem „Berliner Ring" gelangt man schließlich zum Autobahnknotenpunkt *Schönfelder Kreuz,* 176 km (rechts Abzweigung nach ***Dresden).

Man fährt weiter über *Königs-Wusterhau-

sen* (13 000 Einw.; Renaissanceschloß), dann mündet links die von *Szecin/Stettin* kommende Autobahn ein. Bei der Abfahrt *Fürstenwalde,* 214 km (Tankstelle), gelangt man links nach *Fürstenwalde* (1 km) mit schöner spätgotischer Backsteinkirche, barockem Jagdschloß und Heimatmuseum mit Steinzeitfunden, und rechts zum *Scharmützelsee* (3 km), nach *Bad Saarow-Pieskow* und in das Landschaftsschutzgebiet der märkischen Seen. Wieder auf der Autobahn, überquert man die Spree, fährt am Nordufer des kleinen *Dehmsees* (Campingplatz) entlang und erreicht schließlich

Frankfurt/Oder (87 000 Einw.), 250 km. Die am Westufer der Oder liegende Grenzstadt zur Volksrepublik Polen wurde 1945 bei Kriegshandlungen fast vollständig zerstört. Bei dem großzügigen Wiederaufbau der Stadt war man auf die stilgerechte Erhaltung der historischen Bauwerke bedacht. Heute ist Frankfurt mit seinem Grenzbahnhof Oderbrücke wichtiger Umschlagplatz und Industriestadt (Halbleiterwerk und Metallverarbeitung).

An der Ruine der spätgotischen Backstein-Hallenkirche *St. Marien* sind die beiden Sandsteinportale mit Figurenschmuck bemerkenswert. Von den beiden Türmen blieb nur der Nordturm. Der spätgotische Backsteinbau des *Alten Rathauses* beherbergt heute die Galerie „Junge Kunst".

Die ehemalige *Franziskaner-Klosterkirche* aus dem 13./14. Jahrhundert (um 1525 umgebaut) wurde 1971 zu einer Konzerthalle umgestaltet. An den 1777 in Frankfurt geborenen Dichter Heinrich von Kleist erinnert eine Gedenkstätte in der *Julian-Marchlewski-Straße 17/18.*

Nahe der *Oderbrücke* (Grenzübergang) steht die gotische „Friedenskirche" (13. bis 15. Jh.; ehem. *Nikolaikirche*) mit einer neugotischen Zweiturmfront aus den Jahren 1880 und 1891. An der Strecke nach Eisenhüttenstadt ist das Erholungszentrum *Helenensee* (Intercampingplatz, Surfen, Strandbäder).

Etwa 28 km südlich von Frankfurt liegt

Eisenhüttenstadt (49 000 Einw.). Die Stadtgründung erfolgte 1951. Die Stadt ist in drei- bis vierstöckige Wohnkomplexe mit je 6000 bis 7000 Bewohnern und großen Erholungsparks gegliedert. Im Osten liegt ein großer *Kulturpark* mit Rosengarten. Die Hochofenanlage des Eisenhüttenwerkes ist die größte in der DDR.

Route 4: (Hamburg –) Zarrentin – (**Schwerin – *Ludwigslust) – *Neustadt-Glewe – Neuruppin – **Berlin (180 km)

Diese Route führt über die Autobahn von Hamburg nach Berlin.

Von *Zarrentin* (Klosterkirche des ehem. Zisterzienser-Nonnenklosters von 1250, Ostflügel des Klausurgebäudes, Kreuzgang) aus führt die Autobahn zunächst durch eine waldreiche und hügelige Landschaft an *Wittenburg* vorbei. Ein Abstecher von der Autobahnabfahrt aus lohnt sich wegen der alten Stadtbefestigung mit Wallanlage, Tor- und Wehrtürmen und der Pfarrkirche St. Bartholomäus (Backsteinbau aus dem 14. Jh.). Am Westrand der Lewitzer Niederung kreuzt die Autobahn die F 106.

Wenn man Zeit hat, sollte man einen Abstecher zum *Schweriner See* (64 km²) machen, der durch eine natürliche Bodenschwelle in zwei Teile getrennt wird (Erholungszentrum), und nach der Bezirksstadt

Schwerin (130 000 Einw.; 24 km von der Autobahnabfahrt). Am See liegen der Neubau des *Schlosses* (1843–1857; Teile des ursprünglichen Renaissance-Baus sind erhalten), die reich ausgestattete Schloßkapelle im Renaissancestil (16. Jh.), der barocke Schloßpark mit Gartenplastiken (18. Jh.) und – nördlich davon – das *Staatliche Museum*.

Andere Sehenswürdigkeiten der Stadt sind das *Altstädtische Rathaus* (neugotische Fassade) und das *Neue Gebäude* (1783 bis 1785) am Marktplatz sowie der dahinterliegende *Dom*, ein gotischer Backsteinbau (14.–15. Jh.). Im Innern beachte man den spätgotischen Flügelaltar (15. Jh.), den bronzenen Taufkessel (14. Jh.), mehrere Gräber und Grabtafeln aus dem 14. bis 16. Jahrhundert und in der Marienkapelle die Reste mittelalterlicher Wandmalereien. Die Industrie Schwerins ist vielfältig: Es gibt Leder- und Milchverarbeitung, Holz- und Plastikverarbeitung, Maschinenbau und Elektrotechnik.

Von der Autobahn aus in südlicher Richtung erreicht man über die F 106 *Wöbbelin* (Theodor-Körner-Gedenkstätte und -Grab, Mahn- und Gedenkstätte für das Außenlager Reiherhorst des Konzentrationslagers Neuengamme) und

***Ludwigslust** (13 500 Einw.), 12 km, 1754 gegründet und ab 1764 Residenz der

mecklenburgischen Herzöge. Herzog Friedrich ließ 1772–1776 von J. J. Busch das spätbarocke *Schloß* (heute Verwaltungssitz; einige Räume sind bei Führungen jetzt zugänglich) errichten, einen dreigeschossigen Bau, dessen Attika 40 Figuren und 16 Vasen von R. Kaplunger zieren; vor dem Schloß eine *Kaskade* (1775). Der ursprünglich barocke *Schloßpark* mit Großem Kanal, Wasserspielen und Lindenallee wurde im 19. Jahrhundert von P. J. Lenné in einen Landschaftspark umgewandelt. Zu den bemerkenswerten Park-Architekturen zählen die *Steinerne Brücke*, das *Helene-Paulowna-Mausoleum*, die *katholische Kirche* und das *Schweizerhaus* (Gaststätte). Auch die einschiffige *Stadtkirche* (1765–1770) ist eine Schöpfung von J. J. Busch. – Nur 2 km westlich der nächsten Autobahnabfahrt liegt

Neustadt-Glewe (7500 Einw.) mit der Mitte des 14. Jahrhunderts zum Schutz des Elde-Übergangs errichteten *Burg*, dem ältesten Profanbau Mecklenburgs (jetzt Jugendherberge). Das *Schloß* wurde 1619–1622 im Stil der niederländischen Renaissance begonnen und 1711–1717 im Barockstil vollendet (heute Kulturzentrum).

Die Autobahn führt weiter durch teils flache, teils leicht hügelige Landschaft. Wälder und Ackerflächen wechseln einander ab. Etwa 30 km südöstlich der Einmündung in die von Rostock kommende Autobahn liegt die Ausfahrt zur Stadt

Schweriner Schloß

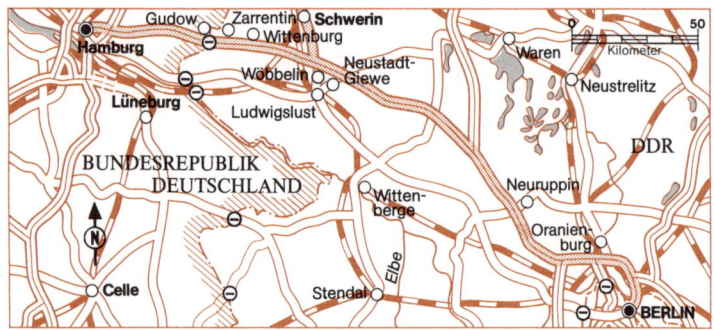

Neuruppin (27 000 Einw.), 5 km, die sich reizvoll am Nordwestufer des Ruppiner Sees erstreckt. Anfang des 13. Jahrhunderts gegründet, erhielt die Stadt 1256 Stendaler Recht. Die *Klosterkirche ist noch Rest des hier 1246 gegründeten Dominikanerklosters. Die *Siechenhauskapelle* stammt aus dem 15. Jahrhundert. Den barocken *Tempelgarten* legte 1732–1736 G. W. von Knobelsdorff für den Kronprinzen Friedrich (den späteren Preußenkönig Friedrich II.) an. Das in einem frühklassizistischen Bürgerhaus an

der August-Bebel-Straße 14/15 untergebrachte *Heimatmuseum* birgt neben einer großen Sammlung Neuruppiner Bilderbogen Gedenkräume für Karl Friedrich Schinkel und Theodor Fontane, die bedeutendsten Söhne der Stadt. Fahrgastschiffe der Weißen Flotte erschließen die Schönheiten der Ruppiner Seenkette.

Nach weiteren 60 km erreicht man über den *Pankower Abzweig* das Stadtzentrum von

**Berlin, 180 km (siehe Seite 14).

Route 5: (Lübeck –) Selmsdorf – *Wismar – *Rostock – Barth – *Stralsund – (**Rügen) – *Greifswald – Ahlbeck (281 km)

Diese Route führt an der Ostsee entlang zum Seebad *Ahlbeck* an der polnischen Grenze. Das Gebiet, das man dabei durchfährt, ist das Haupturlaubszentrum der DDR. Der Grenzübergang ist *Lübeck/Selmsdorf,* wo auch die Autobahn zu Ende ist. Man fährt von dort weiter auf der ehem. Transitstraße Nr. 105.

Über *Dassow,* 9 km (Pfarrkirche mit sehenswertem frühgot. Chor, 13. Jh.) und *Grevesmühlen,* 28 km (Pfarrkirche aus dem 13./14. Jh.), gelangt man zuerst nach

*Wismar (58 000 Einw.), 51 km. Der Überseehafen liegt in der gleichnamigen Ostsee-Bucht. Die Kabelkrananlage in der *Mathias-Thesen-Werft* (mehr als 6500 Beschäftigte) ist die größte Europas. In der Werft werden Schiffe bis zu 20 000 Tonnen gebaut. Zu den Schönheiten der alten Hansestadt zählen die hohen gotischen Kirchen, vor allem die *Nikolaikirche* (14./15. Jh.) mit 37 m hohem Mittelschiff (prächtige spätgotische Flügelaltä-

re und andere Kunstwerke aus dem 15. und 16. Jh.). Sehenswert ist auch der *Marktplatz* mit dem klassizistischen *Rathaus* (19. Jh.), einer alten *Brunnenanlage* (Wasserkunst) und mit dem ältesten Bürgerhaus Wismars „Alter Schwede" (1380) mit dreiteiligem Staffelgiebel.

Der Renaissancebau des *Fürstenhofs* stammt aus der Zeit um 1554. Das *Archidiakonat* (Anf. 15. Jh., seit 1963 restauriert) gehört zu den schönsten Baudenkmälern der Hansezeit. In der *Heilig-Geist-Kirche* (15. Jh.) haben Kunstwerke der zerstörten St.-Marien- und St.Georgen-Kirche Aufnahme gefunden.

Man verläßt *Wismar* im Osten auf der Straße Nr. 105. Von *Neubukow,* 71 km (gotische Pfarrkirche, 13. Jh.) und *Kröpelin* (gotische Kirche, 14. Jh.) führen ganz Zufahrtsstraßen zu den Ostseebädern *Rerik* (frühgotische Kirche, reiche Barockausstattung) und *Kühlungsborn* (frühgotische Pfarrkirche, um 1300). In Kühlungsborn sind zahlreiche Hotels und gute tou-

ristische Einrichtungen sowie ein Sand-
strand. Es gilt als größtes und modernstes
Ostseebad der DDR.

Bad Doberan (13 000 Einw.), 89 km, ist
wegen seines gotischen *Münsters* (1285)
sehenswert. Der Backsteinbau mit älteren
romanischen Bauteilen ist reich ausgestattet. In seinem Kapellenkranz stehen
gotische Altäre aus dem 14. sowie andere
Kunstwerke aus dem 13. bis 16. Jahrhundert. Aus dem 13. Jahrhundert stammen
verschiedene ehemalige *Klostergebäude*,
wie das Beinhaus, das Kornhaus, die Ruine des Gästehauses und verschiedene
Wirtschaftsgebäude. Die *Ringmauer* (um
1400 m lang) wurde 1285 angelegt.

In Bad Doberan sind auch noch schöne
klassizistische Bauten erhalten.

Eine Straße führt von hier zur Küste, zu
den Seebädern *Heiligendamm* und *Kühlungsborn* verkehrt die Schmalspurbahn
„Molly".

Die Straße Nr. 105 führt weiter durch

*Rostock, 100 km (siehe Seite 62), dann
nach *Ribnitz-Damgarten* (17 000 Einw.),
133 km, wo man die mit spätgotischen
Kunstwerken ausgestatteten Klosterkirche
(1400) und das Rostocker Tor (15. Jh.)
ansehen sollte.

Von hier führen Straßen zum Ostseebad
Graal-Müritz und auf die Halbinsel
Fischland, Darß und *Zingst.* Besuchens-
wert sind u. a. die Bäder *Dierhagen, Wu-
strow, Ahrenshoop* (Künstlerkolonie) und
Zingst.

In *Löbnitz,* 157 km, zweigt links eine Straße ab nach

Barth (12 000 Einw.). Sehenswert ist hier
die gotische Pfarrkirche *St. Marien* (13.
und 14. Jh.) mit gotischen Malereien im
Gewölbe des südlichen Seitenschiffs. Das

Dammtor (15. Jh.) ist ein Rest der spätgotischen Stadtbefestigung.

Auf der Straße Nr. 105 fährt man nach

*Stralsund (76 000 Einw.), 178 km.
Die bekannte Werft- und Hafenstadt
erlebte im 13. bis 15. Jahrhundert als
Mitglied der Hanse eine Blütezeit.
Aus dieser Epoche sind noch zahlreiche Bauten erhalten. Der mittelalterliche *Stadtkern* von Stralsund ist mit
seinen vielen sakralen Bauten und
Häusern in niederdeutscher Backsteingotik eine der interessantesten
historisch gewachsenen deutschen
Stadtanlagen. Mehrere Bauten erin-
nern an Gustav II. Adolf von Schweden und Wallensteins Belagerung der
Stadt im Dreißigjährigen Krieg.

Sehr gut erhalten sind die *Stadtmauern*
mit ihren hausartigen Auslugen („Wiekhäuser"), mit Kütertor (1446; Jugendherberge) und Kniepertor (15. Jh.).

Der gotische Backsteinbau des *Rathauses* (13.–15. Jh.) wird als schönster seiner
Art in Norddeutschland bezeichnet. Das
Rathaus erhielt im 14. Jh. seinen Fassa-
denschmuck. Den vorspringenden barocken Gebäudeteil an der Westseite mit
schwedischem Wappen (1648–1814 gehörte Stralsund zu Schweden) zieren im
Innenhof Barockgalerien (1680). Hinter
dem Rathaus erhebt sich die *Nikolaikirche.* Dieser gotische Backsteinbau entstand im 13./14. Jh. und erhielt 1667 seinen markanten barocken Turmhelm. Besonders reich gegliedert ist das Westportal mit barocker Tür. Im Innern sind die
Flügelaltäre aus dem 15. und 16. Jahrhundert, die Kanzel (1611), das fast 5 m
hohe Kruzifix (14. Jh.) und die Gestühle
aus dem 14. bis 17. Jahrhundert sehenswert. Am *Leninplatz* (früher Neuer
Markt) verdient die gotische *Marienkir-*

5

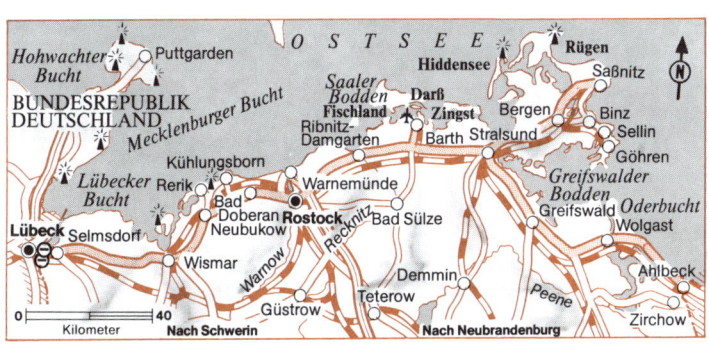

che (14./15. Jh.) mit 104 m hohem Turm (14. und 15. Jh., Barockhaube 1708) Beachtung. Im Innern sind vor allem die drei spätgotischen Schnitzfiguren von Heiligen (1430) und die Orgel (1659) sehenswert.

Etwas weiter nördlich steht das *Katharinenkloster* (13. bis 15. Jh.) mit dem *Kulturhistorischen Museum* und dem *Meereskundlichen Museum.*

Neben einer Werft von internationalem Rang (mehr als 5000 Beschäftigte) besitzt das moderne Stralsund eine vielfältige Industrie (Industriebau-, Wohnungsbau- und Holzbaukombinat, Essig- und Konservenfabrik, Ölspaltanlage, Blechpackungswerk u. a.).

Die Fahrgastschiffe der „Weißen Flotte" bestreiten den Linienverkehr zur Insel Hiddensee und zu den Ostseebädern der Umgebung.

🚢 Seebäder-Ausflugsverkehr: Saßnitz, Ahlbeck, Warnemünde u. v. a.

🚆 Neubrandenburg, Neustrelitz, Berlin, Rostock, Wismar, Saßnitz (Eisenbahnfähre nach Trelleborg/Schweden).

🚌 Barth, Greifswald, Putbus, Saßnitz und andere Orte auf Rügen.

🏨 „Baltic", Am Frankendamm.

*

Von Stralsund aus erreicht man auf dem 2,5 km langen Rügendamm die Insel

Rügen (926 km²). Hier gibt es zahlreiche Buchten, Badestrände, Felder und Laubwälder. Die Kreidefelsen von *Stubbenkammer* mit dem Königsstuhl, das klassizistische *Jagdschloß Granitz* (1836 bis 1844), von dem aus man einen Blick über ganz Rügen hat, der in der ersten Hälfte des 19. Jahrhunderts angelegte Bade- und Residenzort *Putbus* mit sehr schönem Schloßpark, das *Schloß Spyker* (Ferienheim), der Ort *Saßnitz* mit dem Fähr- und Fischerhafen, das *Kap Arkona* als nördlichster Punkt der DDR, die Seebäder *Binz* und *Sellin* sowie alte Burgwälle und Hünengräber vermitteln bleibende Eindrücke.

Westlich vorgelagert ist die schmale Insel *Hiddensee* (18,2 km²; kein Kraftfahrzeugverkehr). Hier befinden sich auch die ehemalige Wohnstätte des Dichters Gerhart Hauptmann (1862 bis 1946), die zu einer *Gedenkstätte* umgewandelt wurde, das Grab des Dichters und ein sehenswertes Heimatmuseum.

Von Stralsund folgt man der Straße Nr. 96 über *Brandshagen* (Hallenkirche aus dem 14. Jh.), *Reinberg* (gotische Pfarrkirche aus dem 13. und 14. Jh.) und *Neuenkirchen* (Pfarrkirche mit Chor aus der Zeit um 1300) nach

Greifswald (68 000 Einw.), 215 km. Im Zentrum der Universitätsstadt (seit 1456) sind die aus dem 13. und 14. Jahrhundert stammende gotische *Marienkirche,* die ehemalige *Franziskanerkloster* (mit dem *Städtischen Museum* und *Ernst-Moritz-Arndt-Gedenkmuseum*), der *Dom St. Nikolai* mit 100 m hohem Turm, die dreischiffige *Jakobskirche* sowie die Reste der aus Backsteinen erbauten *Stadtmauer* mit Wallanlagen sehenswert.

Das *Rathaus* aus dem 14. Jahrhundert wurde 1735 im Stil der Spätrenaissance erneuert. Den Markt (Platz der Freundschaft) säumen *Giebelhäuser* aus Spätgotik und Renaissance. Das sehenswerte alte barocke *Universitätsgebäude* wurde 1747 bis 1750 von A. Meyer aus Augsburg errichtet. Seit 1956 sind im Südosten der Stadt neue große Universitätseinrichtungen entstanden.

Die in Greifswald entstandene Industrie umfaßt das Kernkraftwerk, das Ende 1990 von einem Ölkraftwerk abgelöst werden soll, die Nachrichtenelektronik sowie Hoch- und Straßenbaubetriebe.

Östlich der Stadt liegt die romanische *Klosterruine Eldena* (12. Jh.), bekannt durch die Gemälde des in Greifswald geborenen Malers Caspar David Friedrich (1774–1840).

Der nächste größere Ort ist

Wolgast (16 500 Einw.), 247 km, der im 12. Jh. entstand. 1532-1625 war Wolgast Residenz der Herzöge von Pommern-Wolgast, deren Burg aber nicht mehr erhalten ist. Sehenswert ist die zwölfeckige *Gertrudenkapelle,* ein spätgotischer Backsteinbau mit Sterngewölbe auf einem Mittelpfeiler. Auch die spätgotische Pfarrkirche *St. Petri* zieren Stern- und Kreuzrippengewölbe, außerdem Wandgemälde und Schnitzwerke aus dem 15. bis 17. Jahrhundert. Im *Heimatmuseum* sieht man u. a. Erinnerungsstücke an den 1777 in Wolgast geborenen Maler Ph. O. Runge (sein Geburtshaus: Kronwiek 2).

Eine Hubbrücke führt über die Peene auf die Insel *Usedom.* Von Wäldern, Ostsee und Strandseen umgeben sind die Seebäder *Zinnowitz,* 225 km, *Bansin, Heringsdorf* und *Ahlbeck,* 281 km (letztere verbindet eine 10 km lange Strandpromenade).

Diese Route war bislang eine wichtige Transitstrecke zwischen Süd- und Nordeuropa.

Vom ehem. Grenzübergang *Zinnwald* ist es nur ein kurzer Abstecher ins *Zinnwalder Hochmoor* (sichere Wege) und nach dem wegen seiner spätgotischen Pfarrkirche sehenswerten *Lauenstein* (15./16. Jh.).

Man fährt auf der ehem. Transitstraße Nr. 170 durch die schöne Landschaft des Osterzgebirges nordwärts bis ***Dresden* (siehe Seite 29).

Von *Schmilka* aus gelangt man zuerst nach *Bad Schandau,* das malerisch an der Elbe liegt. Man fährt durch das Landschaftsschutzgebiet der **Sächsischen Schweiz* (Elbsandsteingebirge), mit vielen Aussichtspunkten, auf der Straße Nr. 172 nordwärts nach *Dresden.* Aufenthalte lohnen sich in *Königstein* (15 km), wo hoch über der Elbe die gleichnamige Festung aus dem 16. bis 18. Jahrhundert liegt, in *Pirna* (s. S. 35) und in *Heidenau* (s. S. 35).

***Dresden, 48 km, siehe Seite 29.

Man verläßt Dresden am besten auf der nordwestlichen Ausfallstraße Nr. 6, die am südlichen Elbufer entlangführt, und gelangt nach etwa 7 km auf die Autobahnauffahrt *Dresden-Altstadt* (Rasthaus und Tankstelle). Auf der Autobahn überquert man die Elbe und durchfährt *Dresden-Neustadt.* Kurz nach dem Passieren des Flughafens kommt man zur Autobahnabzweigung *Dresden-Hellerau.* Rechts (östlich) führt die Autobahn weiter nach **Bautzen* (s. S. 51).

*

Man bleibt auf der nach Norden führenden ehem. Transit-Autobahn und fährt über *Radeburg,* 71 km, und *Ortrand,* 90 km, zur Autobahnabfahrt *Ruhland,* 103 km. Von hier sind es noch 12 km nach

Senftenberg (31 000 Einw.). Hier gibt es ein *Renaissanceschloß* (16. Jh.) mit einem *Heimatmuseum* und eine aus Feldsteinen erbaute spätgotische Hallenkirche aus der Zeit um 1400 sowie einen Zoo.

*

Auf der Straße Nr. 169 sind es von hier noch 40 km nach *Cottbus* (siehe unten).

Von der Autobahnabfahrt *Freienhufen,* 118 km (Rasthaus und Tankstelle), lohnt sich der Abstecher zu dem 17 km westlich liegenden

Finsterwalde (23 000 Einw.). Auch hier ist ein *Renaissanceschloß* aus dem 16. Jahrhundert. Man besichtige auch das barocke *Rathaus,* die Kurtsburg (16. Jh.) und die *Dreifaltigkeitskirche.*

Es folgt die Autobahnabzweigung *Kittlitz,* 152 km. Biegt man hier nach Osten ab, gelangt man nach 36 km nach

Cottbus (130 000 Einw.). Die Stadt wurde im Mittelalter durch das Tuchmachergewerbe wohlhabend und ist heute noch im Zentrum der Textilindustrie. Von der mittelalterlichen Stadtbefestigung sind der *Spremberger Turm* und Teile der *Stadtmauer* (15. Jh.) erhalten. Neu entstanden sind Hotel „Lausitz" und Warenhaus.

Vom *Altmarkt* erreicht man in südlicher Richtung die *Schloßkirche,* die 1707 bis 1714 barock erbaut wurde und einen neugotischen Turm (1870) hat. Nördlich liegt die ehemalige *Franziskaner-Klosterkirche,* ein frühgotische Backsteinbau aus dem 14. Jh. Östlich von ihr erhebt sich die spätgotische *Oberkirche,* eine dreischiffige Hallenkirche aus Backstein. In den umliegenden Gassen gibt es schöne barocke und klassizistische Bürgerhäuser. Sehenswert ist das *Stadttheater* (1908, Jugendstil). Am Stadtrand von Cottbus sind das *Barockschloß Branitz* (1772; mit Carl-Blechen-Museum) und der *Branitzer Park* sehenswert.

*

Nordwestlich von Cottbus liegt Lübbenau, Ausgangspunkt für Ausflüge in den Spreewald.

DER **SPREEWALD

In der flachen Landschaft des oberen Spreewaldes teilt sich die Spree in mehr als 2000 kleine, „Fließe" genannte Wasserarme, auf denen sich – wie anderswo auf den Straßen – das Leben abspielt. Man reist von Ort zu Ort auf den Spreewaldfließen. Dazu verwendet man die typischen flachen und kiellosen Spreewaldkähne, die mit langen Staken vorwärtsbewegt werden (selten mit Motorantrieb).

6

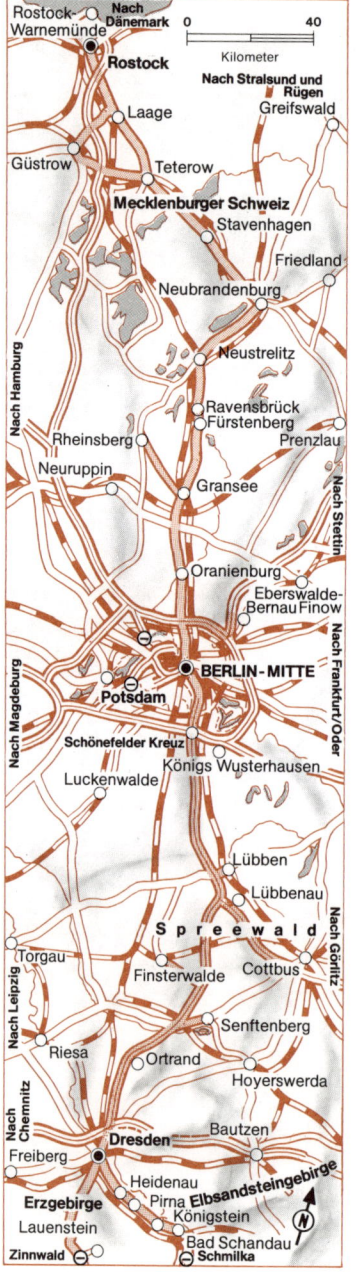

Für die Touristen ist eine *Kahnfahrt* durch den Spreewald ein unvergeßliches Erlebnis. Man sieht Erlenhaine, Eichen und Buchen, dazwischen Wiesen, Äcker, Heuschober und schilfbedeckte Blockhäuser. Jährlich besuchen eine halbe Million Urlauber dieses Erholungsgebiet. Ausgangspunkt ist *Lübbenau*. In *Lehde* gibt es ein *Freilichtmuseum* mit historischen Spreewald-Bauernhäusern.

Zwischen dem Spreewald und der Gegend um Kamenz und Bautzen leben die Nachkommen des westslawischen Volksstammes der *Sorben*. Dem Touristen fallen hier die zweisprachigen Ortsschilder sowie die schönen Trachten auf, die heute noch von den Frauen an Sonntagen und Feiertagen getragen werden.

*

Die nächsten Autobahnabzweigungen führen nach *Lübbenau* (22 500 Einw.; interessantes Spreewaldmuseum; Landschaftspark mit klassizistischem Schloß und Orangerie) und nach

Lübben (14 000 Einw.), 164 km. Die ehemalige Residenzstadt der sächsischen Kurfürsten und der Sitz der Stände von Niederlausitz ist wegen ihres *Renaissance-schlosses* (1682; heute Berufsberatungszentrum) sehenswert. Der Giebel an der Ostseite ist mit korinthischen Halbsäulen und Voluten geschmückt. Ein mächtiger Wohnturm stammt aus dem 14. Jahrhundert. Sehenswert sind auch das barocke *Ständehaus* und die spätgotische *Paul-Gerhardt-Kirche* mit dem Grab des Dichters Paul Gerhardt (1607 bis 1676) und mit bemerkenswerter Innenausstattung (16./17. Jh.).

*

Über *Teupitz*, 290 km, und *Mittenwalde* (sehenswerte gotische Pfarrkirche St. Moritz und Bürgerhäuser aus dem 18. Jahrhundert), 305 km, gelangt man auf den „Berliner Ring" mit dem Autobahn-Knotenpunkt *Schönefelder Kreuz,* 312 km. Von hier sind es nur noch wenige Fahrminuten nach *Berlin-Schönefeld* (Flughafen) und in die Hauptstadt der DDR.

*

Berlin kann im Osten umfahren werden (mehrere Abfahrten nach Berlin). Die Autobahn-Umfahrung von Berlin ist 57 km lang. Beim *Pankower Abzweig* erreicht man die neue Autobahn nach Rostock.

Man verläßt die Autobahn nördlich Berlins, an der Abfahrtsstelle

Bernau (17 000 Einw.), 377 km. Die neben der Autobahnabfahrt liegende Stadt ist noch von einer gut erhaltenen mittelalterlichen *Stadtmauer* umgeben (im Steintor und Henkerhaus Museen). Sehenswert ist auch die spätgotische Pfarrkirche *St. Marien*, ein Backsteinhaus aus dem 15. und 16. Jh. mit prächtigem Hochaltar (1520) sowie *Wiekhäusern* in der Stadtmauer. – Man fährt nun über *Wandlitz* (spätgot. Pfarrkirche), 290 km, nach

Oranienburg (28 000 Einw.), 406 km. Die Stadt ist wegen ihrer schönen Barockbauten sehenswert. Das *Schloß* (17. Jh.) ging aus einer mittelalterlichen Wasserburg hervor; Landschaftspark.

In nördlicher Richtung erreicht man

Sachsenhausen, 409 km, das ehemalige Konzentrationslager, in dem von den Nationalsozialisten Hunderttausende von Juden und Antifaschisten gefangengehalten und ermordet wurden (nach dem Krieg sowjetisches Internierungslager). Das ehemalige Konzentrationslager wurde 1961 zur nationalen Mahn- und Gedenkstätte umgestaltet. Hier befindet sich auch das *Museum der antifaschistischen Freiheitskämpfer der europäischen Völker*, in dem 17 Länder vertreten sind.

Auf der Straße Nr. 96 fährt man nordwärts weiter nach

Gransee, 422 km. Die vom Markgrafen Johann I. von Brandenburg vor 1250 gegründete Stadt (Stadtrecht 1262) umgibt eine mittelalterliche *Stadtmauer* mit spätgotischem *Ruppiner Tor* (15. Jh.) und *Pulverturm*. Auf dem Marktplatz steht ein Denkmal für die Königin Luise von K. F. Schinkel.

Von Gransee lohnt sich ein Abstecher in das etwa 26 km westlich liegende

Rheinsberg (6000 Einw.). Inmitten der wald- und seenreichen Landschaft liegt das 1734 bis 1739 von Knobelsdorff entworfene ursprünglich barocke *Wasserschloß (heute Sanatorium), das später von Langhans zum Teil im Rokoko-Stil umgebaut wurde. Es wurde durch eine Erzählung von Kurt Tucholsky („Rheinsberg, ein Bilderbuch für Verliebte") berühmt. Im *Park stehen ein Barockpavillon, Grotten, eine „Sphinxtreppe", ein Obelisk und das Grabmal des Prinzen Heinrich (gest. 1802).

Man besichtige auch die gotische *Pfarrkirche* mit ihren Kunstschätzen aus dem 16. Jahrhundert.

Fürstenberg (6000 Einw.), 444 km. Dort stehen noch alte *Burgbauten* (Wasserburg, 16. Jh.), ein *Barockschloß* (18. Jh., heute Krankenhaus) und schöne klassizistische Bürgerhäuser.

Eine Zufahrt führt von hier nach *Ravensbrück*, wo während der Diktatur Hitlers 92 000 Frauen ermordet wurden (Mahn- und Gedenkstätte).

*

Man fährt nun durch die wald- und seenreiche Neustrelitzer Kleinseenplatte, in den letzten Jahren ein beliebtes Urlaubs- und Erholungszentrum. Die zahlreichen kleinen und großen *Mecklenburger Seen* laden ein zum Schwimmen, Angeln, Segeln und Faltbootfahren. Überall gibt es sehenswerte Orte, Camping- und Zeltplätze. Die historischen Baudenkmäler der Gegend sind zumeist in der traditionellen heimischen Backsteingotik ausgeführt.

Neustrelitz (28 000 Einw.), 466 km, wurde 1733 von Adolf Friedrich III., Herzog von Mecklenburg-Strelitz, als Residenz dieses Fürstengeschlechts gegründet. Es gibt dort schöne barocke und klassizistische Bauten.

Von hier führt die Straße Nr. 198 in westlicher Richtung zur *Müritz, dem größten See der DDR (116,8 km², bis 33 m tief) mit dem Naturschutzgebiet und Rastplatz der Zugvögel an seinem Ostufer sowie dem FDGB-Urlauberzentrum *Klink* am Westufer.

In östlicher Richtung führt die Straße Nr. 198 in die *Feldberger Seenlandschaft*. Sie zählt zu den schönsten Gebieten Mecklenburgs und ist Landschaftsschutzgebiet.

*

Man verläßt Neustrelitz im Norden auf der Straße Nr. 96 am Ostufer des *Tollensesees* entlang nach der Bezirksstadt

Neubrandenburg (90 000 Einw.), 496 km. Die „Rothenburg des Nordens" genannte Stadt wurde bei den Kriegshandlungen 1945 schwer zerstört und in den letzten Jahren mit modernen Gebäuden wiederaufgebaut und in den Außenbezirken erweitert (neue Industriewerke). Fast vollständig erhalten ist der 2300 m lange *Mauerring mit mehr als 20 kleinen *Wiekhäusern*, in denen die Verteidiger der

Stadt wohnten und die sich im Ernstfall in Festungen verwandelten. Glanzstücke sind die vier erhaltenen und renovierten *Stadttore* (14./15. Jh.), in der Mehrzahl Doppeltore, die separaten Festungen gleichen.

Von dem um 1260 erbauten *Franziskanerkloster* sind Nordflügel und Kreuzgang erhalten; die ehemalige Klosterkirche (heute Johanniskirche) wurde 1892 bis 1894 neu gestaltet.

Die Straße Nr. 96 führt von Neubrandenburg nordwärts nach *Greifswald* und *Stralsund* (siehe Route 5).

*

Man verläßt Neubrandenburg im Westen auf der Straße Nr. 104 nach

Stavenhagen, 525 km. Hier wurde 1810 Fritz Reuter geboren. Anläßlich seines 150. Geburtstages wurde das *Fritz-Reuter-Literaturmuseum* im Geburtshaus des Dichters und niederdeutschen Schriftstellers eröffnet. Sehenswert ist das *Barockschloß* (heute Schule) aus dem Anfang des 18. Jahrhunderts.

Nur etwa 4 km östlich von der Stadt liegt der *Ivenacker Forst* mit zahlreichen tausendjährigen Eichen, von denen die stärkste den Umfang von mehr als 13 m hat.

Die Straße Nr. 104 führt weiter nach *Malchin* (11 000 Einw.), 537 km (sehenswertes Kalensches Vortor aus dem 15. Jh.). Von hier aus lassen sich Ausflüge durch die *Mecklenburgische Schweiz,* zu den Erholungsorten am *Kummerower See* und am *Malchiner See* unternehmen.

Über *Teterow* (11 000 Einw.), 522 km (wertvolle Backsteinbauten aus dem 13. bis 15. Jh.) und *Laage,* 577 km (Backstein-Hallenkirche aus dem 13. Jh.), gelangt man schließlich nach *Rostock* (s. rechts).

*

Über Teterow oder von Laage kann man in halbstündiger Fahrt die alte Stadt

*Güstrow (39 000 Einw.) erreichen. Seit dem 13. Jahrhundert war sie die Residenz von Fürsten und Herzögen, 1621 bis 1695 die Hauptstadt des Herzogtums Mecklenburg-Güstrow, 1628 bis 1629 die Residenz des zum Herzog von Mecklenburg erhobenen Wallenstein. In den Jahren 1558 bis 1566 wurde das *Herzogschloß* erbaut, das als bedeutendster norddeutscher Renaissancebau gilt. Davor der nach einem Stich von Merian rekonstruierte einzige Renaissance-Garten der DDR. Der gotische Backsteinbau des *Doms* stammt aus dem 13. bis 15. Jahr-

hunderts. Im Innern sind ein spätgotischer Flügelaltar aus der Zeit um 1500, Herzogs- und Fürstengräber aus dem 16. Jahrhundert, Werke des Bildhauers Ernst Barlach (1870 bis 1938) und andere Kunstwerke.

Zahlreiche Plastiken des von 1910 bis zu seinem Tod in Güstrow ansässigen Bildhauers Barlach kann man hier in der *******Barlach-Gedenkstätte Gertrudenkapelle* (spätgotischer Backsteinbau aus dem 15. Jh.) sehen. Das **Barlachhaus* am Inselsee (Heidberg 15) beherbergt zahlreiche Zeichnungen und Gipsmodelle des Meisters.

*

*Rostock (243 000 Einw.), 600 km, die um 1160 gegründete Marktsiedlung, einstige Hanse- und alte Universitätsstadt, ist heute der größte Überseehafen der DDR sowie eine bedeutende Industriestadt (Werften, Hochseefischerei, Fischverarbeitung, Maschinenbau, Schiffselektronik und Bauwirtschaft). Rostock birgt aber auch zahlreiche Kirchen und Patrizierhäuser im gotischen Stil. Dazu gehören das **Rathaus,* dessen sieben gotische Backsteintürme aus dem 13. Jahrhundert einen hellen Barockbau überragen, und die **Marienkirche* (13. bis 15. Jh.), die oft als schönster gotischer Bau des Ostseebereichs bezeichnet wird. Auch von der *Stadtmauer* blieben alte Tore erhalten. Man beachte vor allem das 54 m hohe *Kröpeliner Tor* (heute *Museum für Stadtgeschichte*), eines der 22 Tore aus dem Mittelalter. Nach dem Krieg wurde die 1942 durch Bomben zerstörte *Lange Straße* unter weitgehender Bewahrung der historischen Bautradition (Backsteingotik und -renaissance) wieder aufgebaut. Weitere Sehenswürdigkeiten sind das *Kerkhofhaus* von 1470 und das im historischen Stil erneuerte Viertel am *Alten Hafen.*

🚢 Gdynia/Gdingen, Leningrad und internationale (Übersee-)Verbindungen. Von Warnemünde Eisenbahnfähre nach Gedser (–Kopenhagen), Dänemark.

🚢 Warnemünde (Gedser–Kopenhagen), Wismar, Schwerin, Stralsund, Saßnitz, Berlin (West).

🚌 Kühlungsborn, Bad Doberan u. a.

🏨 „Interhotel Warnow", Lange Straße; „Neptun", Warnemünde; u. a.

Vom Stadtkern Rostocks (S-Bahn) sind es nur wenige Fahrminuten nach

Rostock-Warnemünde, 614 km, mit Fährhafen nach Gedser (Dänemark).

Route 7: **Berlin – Chorin – Angermünde – Pomellen (133 km)

Diese Route ist die schnellste Verbindung nach Nordpolen. Man verläßt **Berlin (s. S. 14) durch den Stadtteil *Weißensee* und über die *Klement-Gottwald-Allee* und gelangt kurz darauf auf die Autobahn, auf der man nach 133 km den Grenzübergang *Pomellen* erreicht. Wenig später ist man in *Szczecin/Stettin.*

Parallel zur Autobahn verläuft östlich von dieser die Fernverkehrsstraße Nr. 2 über *Bernau* (21 km, s. S. 58), *Eberswalde-Finow* (47 km), *Schwedt* (95 km) und Gartz (115 km).

Die genannten Orte erreicht man auch auf Zubringerstraßen von der Autobahn aus.

Eberswalde-Finow (55 000 Einw.). In der Stadt besichtige man die frühgotische Pfarrkirche *St. Maria-Magdalena,* die schöne, mit Figuren geschmückte Portale besitzt. Die Industrie hier wird geprägt durch ein Kranbauwerk, ein Walzwerk und durch ein Stahlrohrwerk. Sehenswert ist das *Schiffshebewerk* in *Niederfinow.*

17 km weiter östlich liegt *Bad Freienwalde,* mit Schloß, Kurpark, einer gotischen und einer barocken Pfarrkirche.

Chorin. Der Ort wurde durch die **Klosterkirche* des 1258 gegründeten und 1272 hierher verlegten Zisterzienserklosters berühmt. Die dreischiffige gotische Backstein-Basilika (1273 bis 1334) wurde im 17. Jahrhundert als Steinbruch verwendet und ist nur mehr als Ruine erhalten. Kunstvoll gegliedert ist die noch erhaltene dreiteilige Westfassade mit Treppentürmen, Spitzbogenblenden und einer Rosettenblende. Sehenswert sind auch die zum Teil noch gut erhaltenen *Klostergebäude,* u. a. die Sakristei mit Kreuzrippengewölbe. Im Klosterhof im Sommer Konzerte.

Angermünde (12 000 Einw.). Die im 13. Jh. gegründete Stadt hat gut erhaltene *Stadtmauern,* Tor- und Eckturm einer Burg (12. Jh.) und gotische Kirchen.

Schwedt (52 000 Einw.). Die im 17. Jahrhundert als barocke Residenz der Markgrafen von Brandenburg-Schwedt neu gegründete Stadt wurde 1945 bei Kampfhandlungen zerstört und als weitläufige Wohn- und Industriestadt (Papierpro-

duktion, Raffinerien, Düngemittelwerk, Tabakanbau) modern wiederaufgebaut. Lohnend ist auch ein Besuch der märkischen Stadt

Prenzlau (23 000 Einw.), 14 km nördlich der Autobahnabfahrt Gramzow. Die Stadt ist Mittelpunkt der Uckermark und liegt am Nordufer des *Unterückersees.* Die im 11. Jh. von den pommerschen Fürsten gegründete und befestigte Siedlung wurde im 12. Jh. zerstört (Wenden-Kreuzzug). Die im 13. Jh. von deutschen Kolonisten neu errichtete Stadt hat noch einen mittelalterlichen Kern mit Bauten

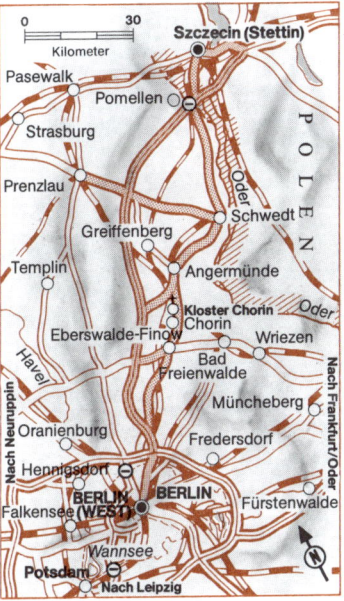

aus dem 13. und 14. Jh. Bemerkenswert sind der Ostgiebel der 1945 ausgebrannten *Marienkirche* (14. Jh.; im Wiederaufbau), die *Nikolaikirche* (ehem. Klosterkirche aus dem 13. bis 14. Jh.) mit spätgotischen Schnitzfiguren, die gut erhaltenen *Klostergebäude* aus dem 14. Jahrhundert (jetzt *Heimatmuseum*) sowie zahlreiche weitere gotische Kirchenbauten.

Eine Sehenswürdigkeit ist die *Stadtmauer* (14. Jh.) mit drei Tortürmen (Blindower, Schwedter und Mitteltor).

7

Register